パーフェクトレッスンブック

テニス 基本と戦術

PERFECT LESSON BOOK

監修 土橋登志久（早稲田大学庭球部監督）

実業之日本社

はじめに

ジュニアの試合を見に行ったときに、「あの子は基本ができているから、これからもっと伸びる」という言葉を聞くことがあります。逆に、「基本ができていないから、これから苦労するだろう…」といったニュアンスの言葉を聞くこともあります。

この本ではしっかりとしたテニスの「基本」を学んでほしいと思っています。初心者でも上級者でも基本的な部分の練習は同じです。基本を疎かにしてしまうと、結局、うまくなるのに遠回りしてしまいます。基本ができていれば、より高い技術を獲得することができます。また、調子が悪くなったときでも基本に戻ることで上昇のきっかけをつかむことができます。

何より大切にしてほしいのは、「うまくなりたい」という気持ちです。テニスを上達させる秘訣はその気持ちを強く持って基本に取り組むことに尽きます。さあ、頑張って練習しましょう！

目次

002-003 はじめに

第1章 テニスの基本

010-011 ラケットとボールに慣れよう（ラケットでボールと戯れる）
012-015 ラケットとボールに慣れよう（ボールを飛ばそう）
016-017 ラケットの握り方を覚えよう
018-019 自分に合ったグリップを探そう
020-021 正しく構えよう

第2章 ゆっくりしたボールならミスなくラリーできるように

024-025 第2章 ゆっくりしたボールならミスなくラリーできるように
026-027 フォアハンドの基本…スイングを構築する3要素
028-029 フォアハンドの基本…テイクバック（ラケットを引く動作）のポイント
030-031 フォアハンドの基本…フォワードスイング（インパクトまでラケットを振る動作）のポイント
032-033 フォアハンドの基本…フォロースルー（インパクトからフィニッシュまでラケットを振り抜く動作）のポイント
034-035 フォアハンドの基本…グリップと打点の関係
036-037 フォアハンドの基本…スタンスの特性
038-039 片手打ちバックハンドの基本…スイングを構築する3要素
040-041 片手打ちバックハンドの基本…テイクバック（ラケットを引く動作）のポイント
042-043 片手打ちバックハンドの基本…フォワードスイング（インパクトまでラケットを振る動作）の基本

Contents

044–045 片手打ちバックハンドの基本…フォロースルー（インパクトからフィニッシュまでラケットを振り抜く動作）のポイント

046–047 片手打ちバックハンドの基本…片手打ちバックハンドのグリップ

048–049 両手打ちバックハンドの基本…両手打ちのスイング

050–051 両手打ちバックハンドの基本…テイクバック（ラケットを引く動作）のポイント

052–053 両手打ちバックハンドの基本…フォワードスイング（インパクトまでラケットを振る動作）の基本

054–055 両手打ちバックハンドの基本…フォロースルー（インパクトからフィニッシュまでラケットを振り抜く動作）のポイント

056–057 両手打ちバックハンドの基本…両手打ちバックのグリップ

058–059 両手打ちバックハンドの基本…スタンスの特性

060–061 ボレーの基本…コンチネンタルグリップ

062–063 ボレーの基本…ボレーの構え方

064–065 ボレーの基本…基本は2ステップ

066–067 ボレーの基本…このフォアボレーをお手本に

068–069 ボレーの基本…このバックボレーをお手本に

070–071 サーブの基本…サーブのグリップと構え方

072–073 サーブの基本…スイングの基本

074–075 サーブの基本…スイングは右に、ボールは左に

076–077 サーブの基本…トスアップ上手はサーブ上手

078–079 サーブの基本…このサーブをお手本に

目次

第3章　ボールの変化にうまく対応してラリーできるように

080-081 第3章　ボールの変化にうまく対応してラリーできるように
082-083 フォアハンドを伸ばそう！…スイングスピードを上げる
084-085 フォアハンドを伸ばそう！…厚い当たりを体感しよう
086-087 フォアハンドを伸ばそう！…トップスピンをかけよう
088-089 フォアハンドを伸ばそう！…ボールの高低に対応しよう
090-091 フォアハンドを伸ばそう！…ボールをコントロールしよう（ストレートから来たボールをクロスに）
092-093 フォアハンドを伸ばそう！…ボールをコントロールしよう（クロスから来たボールをストレートに）
094-095 片手打ちバックハンドを伸ばそう！…スイングスピードを上げる
096-097 片手打ちバックハンドを伸ばそう！…厚い当たりで打とう
098-099 片手打ちバックハンドを伸ばそう！…トップスピンをかけよう
100-101 片手打ちバックハンドを伸ばそう！…ボールをコントロールしよう
102-103 両手打ちバックハンドを伸ばそう！…左利きのフォアハンドのイメージ
104-105 両手打ちバックハンドを伸ばそう！…絶対ミスしない打点を見つけよう
106-107 両手打ちバックハンドを伸ばそう！…トップスピンをかけよう
108-109 両手打ちバックハンドを伸ばそう！…高い打点から強打しよう
110-111 スライスをマスターしよう…グリップはコンチネンタル
112-113 スライスをマスターしよう…スライスをマスターするための練習法
114-115 使えるボレーを身につけよう！…身体から遠いボールに対応する
116-117 使えるボレーを身につけよう！…身体に近いボールに対応する
118-119 使えるボレーを身につけよう！…膝下の低いボールに対応する

Contents

120-121 使えるボレーを身につけよう!…ハーフボレーで対応する

122-123 使えるボレーを身につけよう!…フォアハンドハイボレー

124-125 使えるボレーを身につけよう!…バックハンドハイボレー

126-127 使えるボレーを身につけよう!…ドロップボレーをマスター

128-129 使えるボレーを身につけよう!…使えるアングルボレーをマスター

130-131 使えるサーブを身につけよう!…フラットサーブ

132-133 使えるサーブを身につけよう!…スライスサーブ

134-135 使えるサーブを身につけよう!…スピンサーブ

136-137 **第4章 スペシャルなショットを打てるように**

138-139 フォアハンドを極める…ライジングショット

140-141 フォアハンドを極める…回り込みフォアハンド

142-143 フォアハンドを極める…回り込みのドロップショット

144-145 フォアハンドを極める…ジャンピングショット

146-147 フォアハンドを極める…エッグボール

148-149 フォアハンドを極める…フォアハンドのスイングボレー

150-151 フォアハンドを極める…フォアハンドスライス

152-153 フォアハンドを極める…軸を作る

154-155 リターンを極める…フォアハンドリターン

156-157 リターンを極める…バックハンドリターン

目次

158〜159 バックハンドを極める…高い打点で打つ片手打ちバックハンドのコツ

160〜161 バックハンドスライスを極める…ボールの長短をコントロールする

162〜163 バックハンドスライスを極める…サイドスピンをかける

164〜165 バックハンドスライスを極める…アプローチショットとして使う

166〜167 両手打ちバックハンドを極める…ジャックナイフ

168〜169 両手打ちバックハンドを極める…アングルショット

170〜171 両手打ちバックハンドを極める…スイングボレー

172〜173 ボレーを極める…バックハンドのハイボレースマッシュ

174〜175 サーブ&ボレーを極める…攻撃パターン①→デュースサイドのワイドサーブからのオープンコートにボレー

176〜177 サーブ&ボレーを極める…攻撃パターン②→アドサイドのセンターサーブからのオープンコートにボレー

178〜179 サーブ&ボレーを極める…攻撃パターン③→アドサイドのワイドサーブからのオープンコートにボレー

180〜181 サーブからの攻撃を極める…攻撃パターン④→デュースサイドのボディサーブでステイしてウィナー狙い

182〜183 サーブからの攻撃を極める…サーブが上達しなかったらこれを試してみよう！

184〜187 スマッシュを極める…スマッシュの基本を学ぼう

188〜189 スマッシュを極める…ジャンピングスマッシュ＋ポジションを下げて打つスマッシュ

190〜191 **第5章…ダブルスの戦術とダブルスに効く練習法**

192〜193 ダブルスの戦術
①ネットポジションにいる前衛のポジショニング
②サーブ&ボレーするサーバーのポジショニング

194〜195 ダブルスの戦術
③前にいる前衛の動き

Contents

④ポーチに出たときのボレーコース

196-197 ダブルスの戦術
⑤平行陣をとったときの2人のポジショニング
⑥平行陣をとったときのロブへの対応

198-199 ダブルスの戦術
⑦Iフォーメーションをとったときの前衛のボレーコース
⑧Iフォーメーションをとったときの前衛のポジショニング

200-201 ダブルスに効く練習法…前衛の前後の動き＋バックペダルステップ

202-203 ダブルスに効く練習法…2ステップで前後左右

204-205 ダブルスに効く練習法…ボレーのフットワークドリル＋ポーチドリル

206-207 ダブルスに効く練習法…トップスピンロブのローテーションドリル＋2フロント＋2バックのロブ&アングルドリル

208-209 第6章…テニスの基礎力を高める練習法

210-211 基礎力を高める練習法…スイングを作るノーバウンドヒット練習

212-213 基礎力を高める練習法…準備を早くするワンバウンドヒット練習＋ストレートボールの切り返しドリル

214-215 基礎力を高める練習法…低いボールに強くなる球出し練習＋深いボールに強くなる球出し練習

216-217 基礎力を高める練習法…フォアハンドの回り込み練習＋回り込みフォアハンドのローテーションドリル

218-219 基礎力を高める練習法…ストロークのローテーションドリル

220-221 基礎力を高める練習法…スイングボレーのローテーションドリル

222-223 あとがき

第1章
テニスの基本

この章では、テニスを始めるにあたって「これだけは頭に入れておいてほしい」と思う基礎中の基礎を紹介します。ここに紹介しているのはテクニックでも何でもありません。誰でもできることばかりですが、この基礎部分を置き去りにすると、正しいテクニックが身につきません。最短の手順でうまくなるためにもしっかりとマスターしていきましょう。

❶ラケットの下面でボール突き

ラケットの下面で
ボールを突いてみよう！

ラケットとボールに慣れよう

はじめてテニスのラケットとボールを手にしたときには、ラケットでボールを弾いてみるはずです。「こんな感じなんだ！」とラケットとボールの相性を身体に入れるのはとても大事なことです。もしもここで①〜③のような「ボール遊び」を簡単にできるようなら、あなたにはテニスの才能があります。

　まず最初はボール遊びから入ってください。ラケットを自在に扱えるようになれば、テニスの楽しさがきっとわかってくるはずです。

ラケットでボールと戯れる

❷ラケットの上面でボール弾き

今度は上面で
ボールを
ポンポンと

ラケットのエッジで
ボール突きができれば
才能があるよ！

❸ラケットのエッジで ボール突き

❹投げてもらったボールをスッとキャッチ

相手から投げてもらったボールをラケットでキャッチしてみましょう。ボールを弾ませないでスッとキャッチできる人はテニスの才能があります。そのうち確実にボレーがうまくなるはずです！

❺2人でワンバウンドラリー

ラリーはテニスの醍醐味です。最初はコートなんか必要ありません。公園でも空地でも構いません。とにかく２人でボールをワンバウンドさせてラリーしてみてください。100回くらい続けばテニスの楽しさがわかってくるはずです。

ラケットとボールに慣れよう

ボールを思い切り飛ばしてみよう！

まずラケットとボールに慣れよう

楕円形のフレームにストリングスが縦横に張られたラケットはボールが飛ぶようにできています。テニスのラケットで思い切り打てば、ボールはすごく飛ぶのが普通。だから初心者に「ホームラン」が連発するのは自然の出来事なのです。

あなたはどこまでボールを飛ばすことができますか？　誰よりもボールを飛ばすことができたら、あなたはテニスに向いている人かもしれません。

力いっぱい打てば、縦コートの倍くらいはボールを飛ばすことができるのがラケットです。そして、そのラケットで限られた範囲に入れなくてはいけないのがテニスという競技なのです。

うまくなるためには飛びをコン

相手コートの奥のフェンスに届かせよう!

とにかく力いっぱい打ってボールを飛ばしてみよう！ 誰よりも飛ばすことができれば、すごいストロークを打てる可能性があるよ！

トロールする必要があります。ストロークの上達はいかに打つボールの飛距離をコントロールするかにかかっています。どうすれば良いのかは、後のパートで学んでいきましょう。まずはボールを遠くに飛ばして、打ったときの快感を実感してください。

ラケットの握り方を覚えよう

上から見たときにラケット面が見えるのが厚い握り

厚いグリップ

ラケットを地面においてそのままラケットを握ったときのグリップを「厚いグリップ」と呼びます。12～13ページでボールを地面に突いたり、上に弾ませたときの①＆②の握り方です。

ラケットの握り方を覚えよう

ラケットの握り方を「グリップ」と呼びます。握り方にはさまざまな名称がありますが、トッププロに「あなたのグリップは？」と聞いてみても、「僕はこんな感じかな～」というくらいアバウト。グリップは人それぞれで構いません。あなたにとっていちばんしっくりくる握りが、あなたに合った最適の「グリップ」です。

とは言え、最低限知っておいてほしいのは、「厚いグリップ（握り）」、「薄いグリップ（握り）」の違いです。本書の解説の中にも何度も登場します。まず、「厚い握り」、「薄い握り」の違いを理解していきましょう。

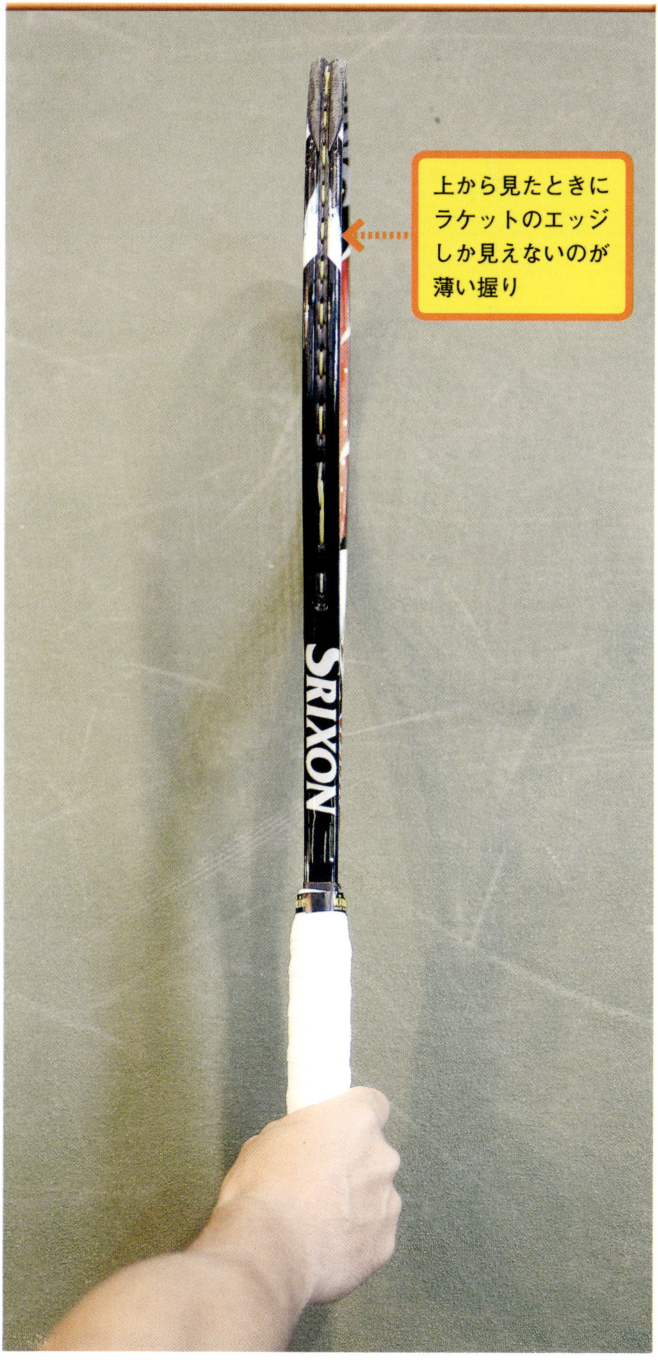
上から見たときに
ラケットのエッジ
しか見えないのが
薄い握り
SRIXON

薄いグリップ

ラケットを地面に垂直に立てて包丁を持つときのように握ったグリップを「薄いグリップ」と呼びます。13ページで、ラケットのエッジでボールを地面についたときの③の握り方です。

自分に合ったグリップを探そう

❶フォアハンドの厚い握りで押してみる

ここなら
力が入るぞ！

❷フォアハンドの薄い握りで押してみる

ここだと
今ひとつだな～

自分に合ったグリップを探そう

ストロークで大切なことは、相手のボールの勢いに負けずにヒットすることです。そのためにはもっとも力が入る打点でボールを捉える必要があります。その「もっとも力が入るとき」の握りが、あなたに合ったグリップなのです。

探し方は簡単です。腰の高さに打点を設定して、写真のように相手の手（壁でもＯＫ）をグッと押してください。このときには握り方をいろいろ変えてみてください。フォアハンドでもバックハンドでも、どこかでいちばん力を加えやすいピタッと来る場所（握り）があるはずです。そのときの握りがあなたに合ったグリップです。

❸片手打ちバックハンドで押してみる

バックハンドなら
この握りだな!

❹両手打ちバックハンドで押してみる

両手だとすごく
力が入るぞ!

正しく構えよう

これだけでうまそう
に見えるでしょう！

「できる人」に見られよう！

構え方を見るだけで、「できる人」か「できない人」か、一発でわかってしまうのがテニスです。棒立ちのままラケットを右手（利き腕）で持って構えている人は……間違いなく「できない人」です。

テニスは相手のボールに素早く対応し、前後左右に俊敏に動き、自分がもっとも打ちやすい場所に身体を運ぶことを求められます。そのためには何より動きやすい「構え方」をする必要があります。

動き出しが早くなる正しい構え方が左の写真です。こう構えるだけで間違いなく「できる人」に見られます。これはテクニックでも何でもありません。とにかくこの構えでボールを待つようにしましょう。これだけで上達のスピードが何倍も速くなります。

これを真似してみよう!

これが「できる人」の構え方です。写真のような位置に重心を置いたパワーポジションからボールが来たら軽くジャンプして素早く動き出します。

重心を置くのはこのラインあたり
軽くジャンプして始動

第2章

ゆっくりした ボールなら ミスなくラリー できるように

この章では、フォアハンド、バックハンド、ボレー、サーブの基本を学んでいきます。ベースがしっかりとしていれば必ず上達するのがテニスです。逆に基本をおろそかにすると、変なクセがついたり、自己流の打ち方になったりして、どこかで進歩が止まってしまいます。将来、後戻りをしないためにも各ショットの基本をしっかりと学んでいきましょう。

adidas

スイングを構築する3要素

フォアハンドはテニスのベースとなるショットです。もちろん試合になれば、フォアハンド以外のショットも駆使して戦いますが、強い選手は例外なく強いフォアハンドを持っています。ここからはフォアハンドの基本をしっかりと学んでいきましょう。

フォアハンドのスイングを構築する3要素

フォアハンドのスイングは、テイクバック、フォワードスイング、フォロースルーの３つのパートに分解することができます。もちろんスイングは連続する一連の動作です。この３パートが有機的に連動することが理想です。

テイクバック（ラケットを引く動作）のポイント

バウンドする前に
テイクバックを
スタート

早い準備が テイクバックのポイント

相手からボールが飛んでくるときに、つねに意識しなければいけないのが「早い準備」です。フォアハンドも例外ではありません。ラケットを引く準備（テイクバック）をできるだけ早くすることが、何よりも重要です。ボールがバウンドしてからラケットを引くのでは遅すぎます。少なくともボールがバウンドする前にテイクバックの初期動作は完了しておきましょう。

　テイクバックの初期動作では、左手をラケットに添えるのが基本です。右手だけでラケットを引くのはNG。左手を添えることで上体を捻ったテイクバックとなります。

　また、ラケットを肘から引くのも大切なポイントです。こうする

この準備が
完璧ならすぐに
うまくなる！
肘から
ラケットを
引く

ことでスイングに「弧」が生じます。テイクバックで弧を作れると、スピードが高まります。

　左上の写真のように、ボールを十分に引きつけたタイミングでテイクバックを完了するのが理想です。極端に言えば、テイクバックさえ完璧なら、その後のフォワードスイングやフォロースルーはあまり意識する必要はないくらいです。そのくらい大切なのが、ボールを打つ前の「準備（テイクバック）」なのです。

フォワードスイング（インパクトまでラケットを振る動作）のポイント

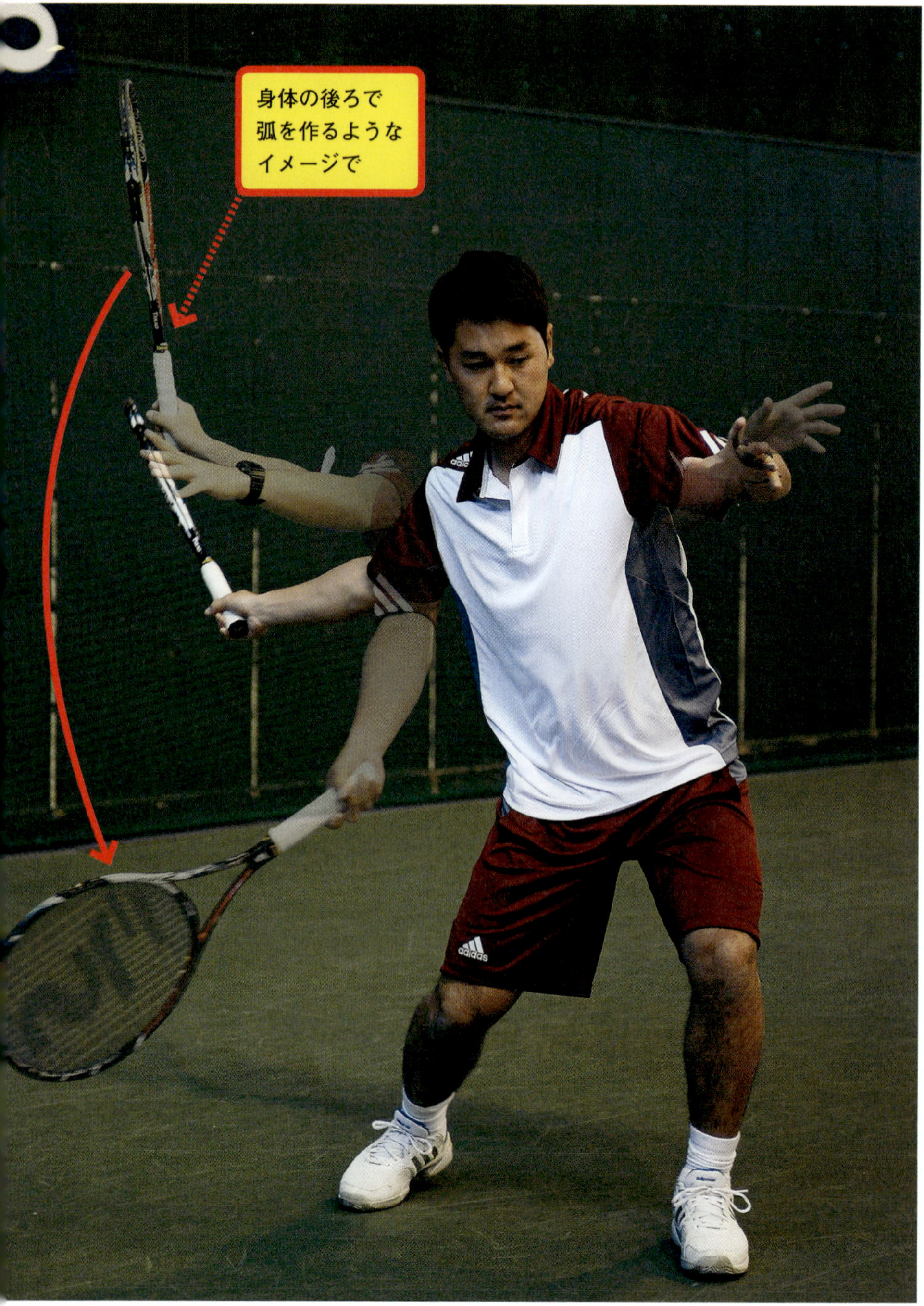
身体の後ろで
弧を作るような
イメージで

ボールの高さに合わせてラケットをセットすればフラット系のボールが打てる

フォワードスイングでスイングスピードを加速

テイクバックを完了してからインパクトまでの動作を「フォワードスイング」と呼びます。このタイミングでスイングスピードを加速し、ラケットを速く振ることで、強烈なショットが生まれます。

テイクバックからフォワードスイングに切り返すときに意識してほしいのは、身体の後ろで小さな「弧」を描くような動作です。ここで弧を作ることで、鋭くラケットを振ることができます。

高い位置にテイクバックしてボールを打ちにいくときは、必ずラケットダウンすることになります。ここでボールの高さに合わせてラケット面をセットすれば、フラット系のショット、ボールよりも下にラケットを準備すればスピン系のショットと、スイングの軌道によって球種を打ち分けることができます。

フォロースルー（インパクトからフィニッシュまでラケットを振り抜く動作）のポイント

フィニッシュは
この位置に

鋭くラケットを振り抜いてフォロースルー

スイングを開始したら実際にはインパクトで何かできるわけではありません。大切なのはスウィートスポットでボールを捉えること。特に、スウィートスポットの先のほうで打つと、遠心力が使えて鋭いボールを打つことができます。

また、インパクトで１００％の出力をするのではなく、ボールを打った直後に１００％の出力になるようにスイングするのも大切なポイント。インパクトからボール３個分くらい打ち抜く気持ちを持ちましょう。

しっかりとラケットを振り抜くことができていれば、ラケットの先はボールを追うようにネット方向に出た後、自然に左腰あたりに収まるフィニッシュ形となるはずです。

○ インパクト後、鋭くラケットを振り抜けば
フォロースルーでラケットがここに来る

× インパクトの面を維持したままのフォロー
スルーは鋭くラケットを振れていない証拠

グリップと打点の関係

厚い握り（セミウエスタングリップ程度）の打点

もっとも力が入る
打点は身体から近
めで胸の位置

フォアハンドのグリップと打点の関係

18〜21ページでグリップについて触れました。ここではもう少し詳しく、フォアハンドのグリップと打点の相関性について解説しておきたいと思います。

グリップと打点には密接な関係があります。写真を見てわかるように、グリップが厚くなるほど打点は前になり、グリップが薄くなると打点は後ろになります。

また、グリップが厚くなれば打点は身体に近づき、薄くなれば打点は身体から離れます。このことが頭に入っていれば、自分のグリップによる最適の打点が探せるはずです。

薄い握り(イースタングリップ程度)の打点

もっとも力が入る
打点は身体から離
れた腰の位置

極厚グリップ(フルウエスタングリップ)の打点

もっとも力が入る
打点は身体より前
で顔の位置

スタンスの特性

方向性を
出しやすい
スタンス

スクエアスタンス

クローズドスタンス

薄いグリッ
プと連動す
るスタンス

基本の4つのスタンス

フォアハンドのスタンスとして挙げられるのは「クローズドスタンス」、「スクエアスタンス」、「セミオープンスタンス」、「オープンスタンス」の4つです。この中で多くの選手が一般的に使っているのは「スクエア」と「セミオープン」、「オープン」の3つ。「クローズド」は遠いボールを追ったときなど特殊な状況で使われます。

スタンスはグリップと密接な関係があります。現在、もっともポピュラーなのは「セミオープン」ですが、これは多くの選手が使っている「セミウエスタングリップ」との相性がもっとも良いからです。

一般プレイヤーなら、「スクエア」と「セミオープン」の2つは使い分けしてほしいところ。「スクエア」は方向性を出すのに最適なスタンス。また「セミオープン」

は回転を使って打つのに最適なスタンスと言えます。

厚いグリップと連動するスタンス

オープンスタンス

セミオープンスタンス

身体の回転を使いやすいスタンス

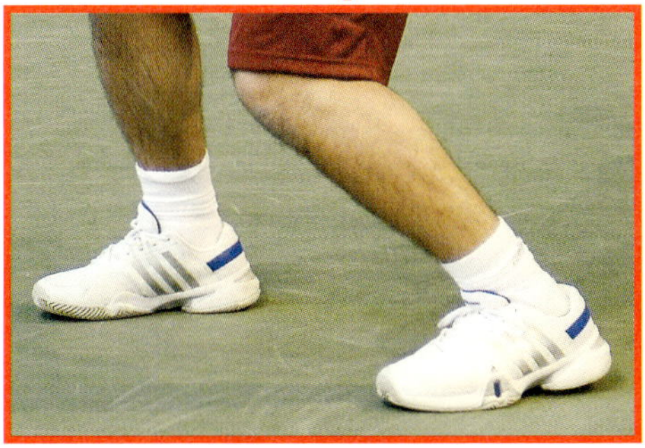

スクエアスタンスとオープンスタンスの中間がセミオープンスタンス。厚めのグリップで握っている選手は、このスタンスをとって打つときが、いちばんストロークが安定する

スイングを構築する3要素

バックハンドは片手で打つタイプと両手で打つタイプの２通りがあります。それぞれメリット、デメリットがあり、どちらのタイプを選べば良いのか一概には言えません。ただ、非力な子どもの頃からテニスを始めると、両手打ちでスタートするのが一般的です。トッププロでも両手打ちが多いのはそのためです。しかし成長してから、さまざまなショットに融通が利く片手打ちバックハンドに移行する選手も少なくありません。まずは、片手打ちバックハンドの基本について学んでいきましょう。

片手打ちバックハンドのスイングを構築する3要素

フォアハンドと同様に、片手打ちバックハンドのスイングもテイクバック、フォワードスイング、フォロースルーの３つのパートに分解することができます。片手打ちバックハンドは腕力に頼って打つショットではなく、スイングで打つショットです。その中でとくに大切なのがテイクバックです。

フォワードスイング
（インパクトまでラケットを振る動作）
6
5
4

フォロースルー
（インパクトからフィニッシュまでラケットを振り抜く動作）
8
7

テイクバック（ラケットを引く動作）のポイント

ヘッドを立てたまま
ラケットを引く
ボディターンを
使って上体を捻る

ボディターンを使ってテイクバックしよう！

片手打ちバックハンドは、身体の捻りを使ってラケットを引くのがポイントです。これがボディターンと言われる動作。横向きになるときに、できるだけ長く左手をラケットに添えることを意識すると、上体を捻ったテイクバックになります。またヘッドを立てたままラケットを引くのも大切なポイントです。

テイクバックを完了したときのチェックポイントは、後方に引いたラケットのポジションと、肩が入っているかどうかです。写真のように高い位置にラケットが準備できていて、右肩越しにボールを見るような体勢になっているのが理想です。自分自身で確認してください。

高い位置に
ラケットがあるか？
右肩の上にアゴが乗
っているような形に
なっているか？

フォワードスイング（インパクトまでラケットを振る動作）の基本

上体は捻ったまま
ラケットダウン

インパクトまで一気に振り抜く

上体の捻りを戻しながらインパクトまでラケットを一気に振り抜く動作がフォワードスイングです。

テイクバックで高い位置にセットしたラケットを、打点まで下げるのが最初の作業ですが、このときは上体の捻りはそのままに、腕だけを下げるようにしましょう。ここで捻りを戻してしまうと力ないスイングになってしまいます。

ラケットの準備ができたらインパクトまでは身体の捻り戻しで腕を振ります。このときは、腕が身体の動きについてくるという意識を持つことが大切です。左の写真がインパクトのイメージです。もっとも力が入る、膝から腰の間で、踏み込んだ足よりも少し前で、ボールを捉えるようにしましょう。打点が右腰よりも前になっているか確認してください。

打点は踏み込んだ
前足よりも少し前

胸を張ってフィニッシュ

理想とする片手打ちバックハンドのスイングになっているかどうかは、フォロースルーで確認できます。初心者にありがちなNGは、フォロースルーで身体が回ってしまって、打ち終わったときに「おへそ」がネット方向を向くようなフィニッシュ形。これでは力強いスイングになりません。理想は写真のように胸を張ったフィニッシュ形を作ることです。右手は「前」、左手は「後ろ」という意識を持てば、大きなフォロースルーをとることができます。

力が入りづらい片手打ちは「スイングで打つショット」です。力強くボールを叩くためには、鋭く大きなスイングが必要不可欠。身体を十分に捻った①から、大きく振り抜いた②までラケットを振り抜くことが理想です。

この位置まで
振り抜く
②

片手打ちバックハンドのグリップ

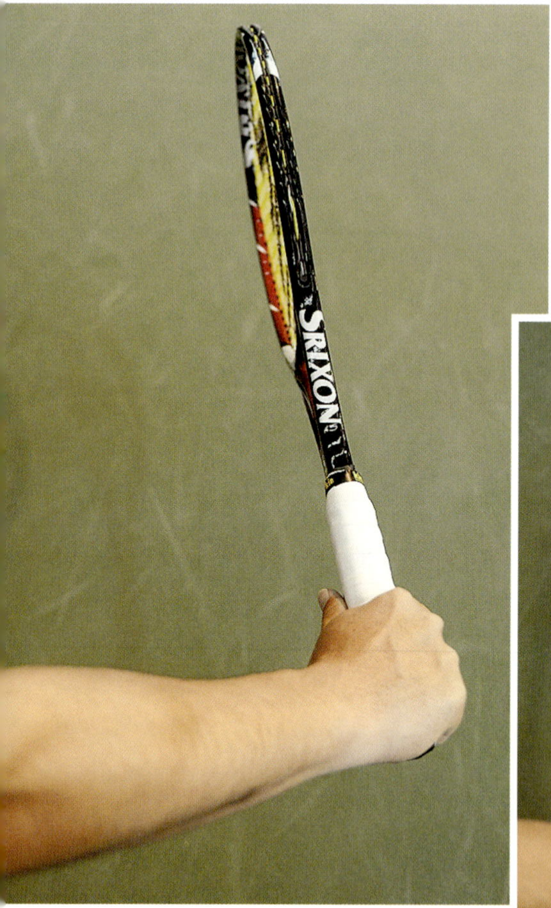

❶厚めの片手打ちバックハンドグリップ

❷親指の腹でグリップを押さえるテクニックがサムアップ

片手打ちバックハンドのグリップ

片手打ちバックハンドのグリップも「厚め」から「薄め」までさまざまですが、ここでは後ろからの支えが強い、厚めの握りを例に基本のスイングを紹介しています。もちろん、21ページを参考に自分にぴったりのグリップを探し出せた人はそれでOK。グリップは違ってもスイングの基本は変わりません。また、薄い「コンチネンタルグリップ」は、60ページのボレーの項目で紹介することにします。

本書で紹介する片手打ちバックハンドのスイングで使っているグリップは①です。一般的に「厚めのバックハンドグリップ」と呼ばれる握り方で、腕を前に突き出したところがインパクトポイントになります。これは世界のトッププ

厚めの片手打ちバックハンドグリップの打点

厚めのグリップで握ると打点は左腰よりも前になり、正面から見たインパクトでは、拳を突き出したような形になります。

ロたちが使っている標準的な片手打ちバックハンドのグリップと言えます。

厚めのグリップを推奨する理由は、グリップが厚いほど、ボールの押し出しが強くなるからです。厚く持つことで「手のひら」を使ってグリップをホールドすることができるのです。

それでも相手のボールに押される感覚がある場合は、親指の腹も使う②の「サムアップ」というテクニックもあります。

両手打ちのスイング

両手打ちバックハンドの最大のメリットは、左手のパワーも使えることです。両手を使うことで相手のボールに力負けしません。しかも片手打ちよりもコンパクトなスイングで打てるので、フォームも固まりやすくなります。まずは両手打ちバックハンドの基本スイングをしっかりと学んでいきましょう。

両手打ちバックハンドのスイング

両手打ちバックハンドのスイングもテイクバック、フォワードスイング、フォロースルーの３つに分けることができますが、ポイントは「左利きのフォアハンドに右手を添えている」というイメージを持つことです。同じバックハンドでも、片手打ちのバックハンドとは違った視点でスイングを考えることが大切です。

フォワードスイング
（インパクトまでラケットを振る動作）
⑥
⑤
④

フォロースルー
（インパクトからフィニッシュまでラケットを振り抜く動作）
⑧
⑦

テイクバック（ラケットを引く動作）のポイント

ラケットヘッドを
立てたまま引く

コンパクトなテイクバックを心掛ける

両手打ちバックハンドのテイクバックは、片手打ちよりもずっとコンパクトになります。ただし、ラケットを手で引かずに、ボディターン（上体の捻り）を使って引く基本的な動作は同じ。またラケットヘッドを立てたまま引くのも大切なポイントです。

左手を使える両手打ちは、片手打ちよりも小さな引きでOKなので、左ページ写真のラケット位置でテイクバックは完了。41ページの片手打ちのテイクバックと比較すると、大きさの違いがわかると思います。チェックポイントは、後ろ足に重心があることと、グリップの位置が高いポジションにあることです。

ここにグリップの
位置があることを
チェック

フォワードスイング（インパクトまでラケットを振る動作）のポイント

身体の動きが
ラケットの動き
より先行する

インパクトまでできるだけシンプルに

テイクバックを完了したら、ラケットをボールの高さまで落として、後ろ足から前足に体重を移動しながらスイングを開始します。このときに大切なポイントは、体重を移してもラケットは後ろに残すこと。このタイムラグを作ることでスイングスピードが速まります。

ラケットを準備してからのスイングはシンプルそのもの。後ろにあるラケットをボールのところまで引っ張り出すようなイメージだけでOK。スイングの力配分は、左手7割、右手3割くらいが一般的とされています。左ページの写真のように肘が伸びて、ヘッドスピードがいちばん速いところでボールをヒットするようにしましょう。

ボールをヒット
するときの肘の
形はこれ

フォロースルー（インパクトからフィニッシュまでラケットを振り抜く動作）のポイント

打つ方向へ
左腕を伸ばす

左利きのフォア感覚でフォロースルー

ボールに推進力を与えるために大切なのがフォロースルーです。両手打ちバックハンドは、打球後すぐに左腕を畳む形になりがちですが、それでは伸びるボールは打てません。

理想は上の写真2コマ目のように、インパクト後できるだけ打球方向にラケットヘッドを持っていくことです。これは左利きで打つフォアハンドのフォロースルーをイメージすれば良いと思います。左腕が「これ以上伸びない」というところまでラケットを振ってから、腕を畳むようにすると、推進力のあるボールが打てます。

Lesson2 両手打ちバックハンドの基本

Point

ボールを打つ方向に
できるだけ左腕を伸
ばしてから肘を畳む

両手打ちバックのグリップ

①イースタングリップに左手を添えるタイプ

（トータル的なバランスが良く、今の主流になっている握り）

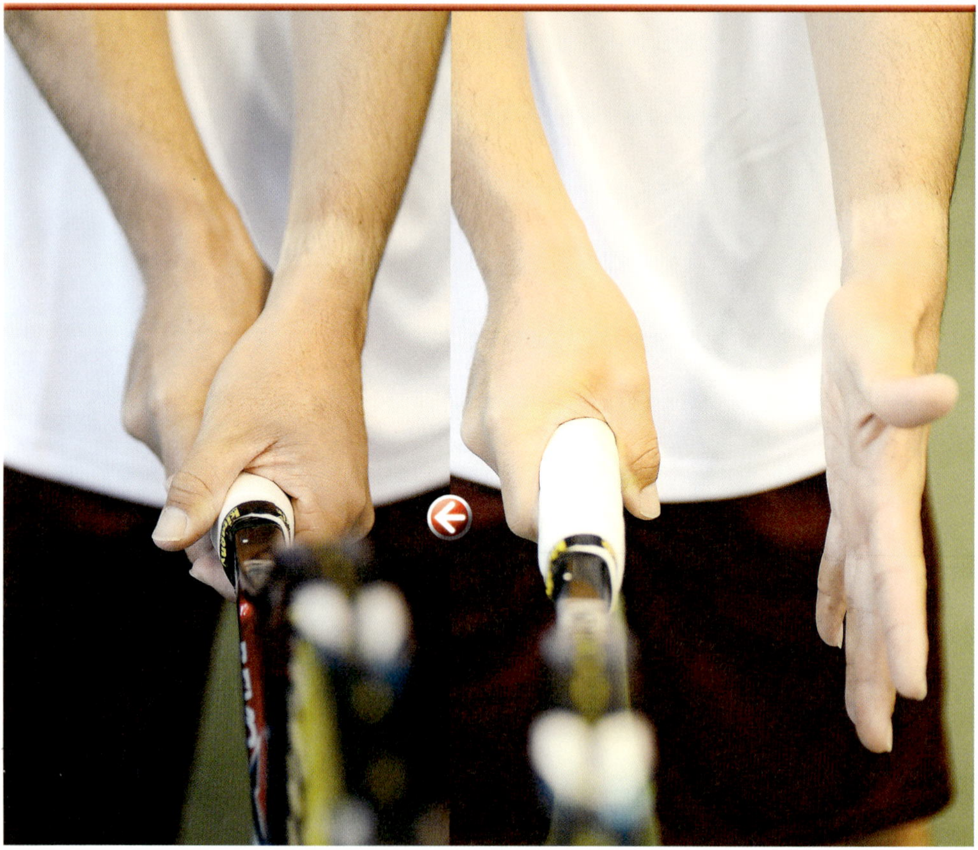

両手打ちバックハンドのグリップ特性

両手打ちバックハンドのグリップも21ページの探し方で自分にぴったりのものを採用すればＯＫですが、握り方の違いによって、打ちやすいボールが違うので、グリップの特性だけは頭に入れておきましょう。

両手打ちバックハンドのグリップは大まかに分けて2種類あります。ひとつはフォアハンドのグリップに左手を添えるタイプ。そしてもうひとつは片手打ちバックハンドのグリップに左手を添えるタイプです。

フォアハンドのグリップに左手を添えるタイプも細かく分けると、イースタングリップに左手を添える①のタイプと、コンチネンタルグリップに左手を添える②のタイプがあります。両手打ちでは

②コンチネンタルグリップに左手を添えるタイプ
（フラット系のショットを中心にスライスへの切り替えも楽な握り）

③片手打ちバックの握りに左手を添えるタイプ
（高い打点でトップスピンをかけるのに適した握り）

①がトータル的なバランスの良い握り方とされていて、いまのトッププロたちの主流となっています。

厚めで握る片手打ちバックハンドのグリップに左手を添える③のタイプは、高い打点でトップスピンをかけやすい握り方です。トッププロではナダルがこのタイプですが、自由度は低く少数派と言えます。

Point

厚めのバックハンドグリップだと、そのまま握り変えることなく、フォアハンドを打てる。それが35ページで紹介しているフォアハンドの「フルウエスタングリップ」だ

ンスを状況に応じて使い分けることが可能

❶クローズドスタンス

❷スクエアスタンス

両手打ちのスタンス

両手打ちバックハンド＝左利きのフォアハンドと考えると、両手打ちで使うスタンスも36－37ページ同様に「クローズドスタンス」、「スクエアスタンス」、「セミオープンスタンス」、「オープンスタンス」の4つということになります。この中で一般的に使うのは「スクエア」と「セミオープン」です。「クローズド」と「オープン」は、基本的に遠いボールを打つ場面などで使いますが、意図的にコースを隠すときにも使えます。まったく逆のスタンスを同じ場面で使えるのが両手打ちの面白いところです。また片手打ちだと「オープンスタンス」でボールを打つのは大変ですが、両手打ちなら自然です。片手打ちより使えるスタンスがひとつ多いのが両手打ちなのです。

両手打ちバックハンドの場合、4つのスタ

❸セミオープンスタンス

❹オープンスタンス

片手打ちバックハンドの基本はこのスタンス

片手打ちバックハンドの場合、クローズドスタンスとスクエアスタンスの中間くらいに踏み込んだときにスイングがいちばん楽になる。片手打ちバックハンドでオープンスタンスを使う場面はそう多くない。

コンチネンタルグリップ

　ストロークとボレーの最大の違いは「時間」です。相手との距離があるストロークは、フォア、バックでグリップを握り変える時間がありますが、相手との距離が近いボレーは、グリップを握り変える時間はありません。ボレーは「ワングリップ」でフォアとバックを打ち分ける必要があるショットです。その大前提となるのがコンチネンタルグリップ。ボレーのファーストステップとして、ボレー専用のコンチネンタルグリップをマスターしましょう。

コンチネンタルグリップの探し方

左手で地面と垂直になるようにラケットを持って

上から握手するようにグリップを握る

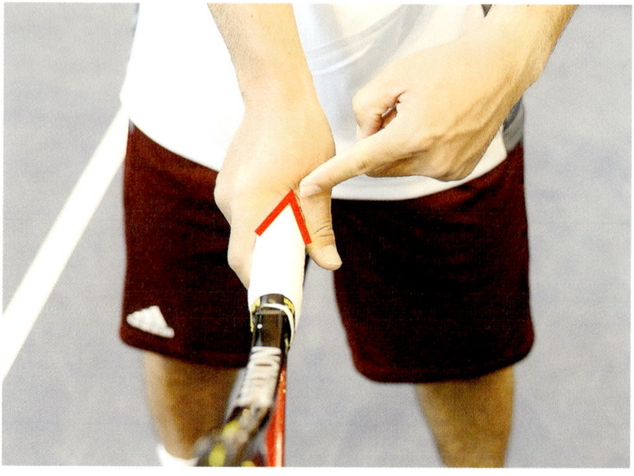

ラケットを握ったときは、親指と人差し指の付け根の『V』がこの位置にあることをチェック

ラケットを立てて構える

コンチネンタルグリップでラケットを握ったときのポイントは手首の形。小指と薬指でグリップをしっかりと握ってラケットを立てて構えるように。下の写真のように手首が緩む形になったらNG

ボレーの構え方

ネットポジションで相手の速いボールに対応するためには構え方が大切です。まずは隙のない構えをとって「できる人」に見られましょう。

スタンスは肩幅より広くとってラケットを立てた状態で構える。このときには必ず左手でラケットを支えるように

正面から

横から

重心は拇指球あたりにおいて。身体とラケットの間に◯の空間を作るのも大切なポイント

ボディターンでテイクバック

ボレーのテイクバックは手でラケットを引かないのが最大のポイントです。ラケットを引くことは考えずにボディターンするだけ。用意したラケット面は肩のラインより後ろにはないはずです。大きく引くクセがある人はボディターンを使ったコンパクトなテイクバックを意識しましょう。

フォアボレー
上体を捻って
ボディターン。
ラケットの位置はここ

バックボレー
肩をグッと入れて
ボディターン。
手でラケットを
引く意識はゼロ

基本は2ステップ

2ステップボレー

ボレーは構えたポジションから踏み込んでボールをヒットするのが基本アクションです。このときに必ずマスターしてほしいのが基本の２ステップ。「２ステップでボレーする」というイメージを早い段階から身体で覚えると、将来につながるボレーがマスターできます。

[フォアボレー]

レディポジションから右足を前に出して左足をステップインしながらボールヒット

[バックボレー]

レディポジションから左足を前に出して右足をステップインしながらボールヒット

Point 扇状のスペースを意識する

２ステップボレーするときは、身体の前方に（仮想の）扇状のスペースを作ると動きがスムーズになります。「この範囲内に来たボールは取るぞ！」という意識を持つことで守備範囲も広くなるはずです。

バックに
２ステップ
フォアに
２ステップ

NG

横に動くのはNG

ボール方向へのステップを入れずに１ステップで横に動くボレーはNG。これだとネットから遠い位置でのボレーとなるので守備的なボールしか返らない

このフォアボレーをお手本に

基本のフォアハンドミドルボレー

これはここまでに紹介した基本ポイントを押さえながらフォアハンドでファーストボレーを打った連続写真です。コメントやPOINTを参考にしながら基本となるフォアボレーをマスターしてください。

①
ボディターンしながら準備開始。ラケットの位置は肩のラインよりも前
②
ボールの高さに合わせてラケットを準備。構えたときの手とラケットの角度はここでも維持したまま

左足を踏み込みながらボールを良く見てインパクト。手とラケットの形は崩さない

③

距離と方向性をコントロールするためにラケットの動きは小さく。フォロースルーは意識しない

④

Point
このインパクト形をイメージ!

ラケットを立てた形のままボールをヒット。手首とラケットで作った角度はずっと崩さないように！

この角度を崩さない

このバックボレーをお手本に

基本のバックハンドミドルボレー

これはここまでに紹介した基本ポイントを押さえて打ったバックハンドのファーストボレーです。コメントやPOINTを参考に基本のバックボレーをマスターしてください。

バック側に来たボールにボディターンで準備。ボディターンすることで自然にテイクバックまで完了
①
ボールの高さにラケット面を準備したまま２ステップ目に入る
②

もっとも力が入る打点は肩のライン。ラケットと手首の形をキープ
③
バックボレーもフォロースルーは意識しない。足の踏み込みでボールを飛ばすイメージを持とう！
④

Point

このインパクト形をイメージ!

バックボレーで理想の打点は肩のライン。手首とラケットの角度を保った「これ」がインパクトの強い形

サーブのグリップと構え方

試合のときに最初に打つショットがサーブです。サーブが入らないとゲームにならないので、初心者の頃はただ「入れるだけ」の簡単な打ち方でサーブを覚えがちです。しかし、それだと間違いなくサーブは上達しません。サーブは最初のステップこそ肝心なのです。ここで紹介する基本を繰り返し練習して、一生モノのサーブを身につけましょう。

グリップをチェック

サーブのグリップ

サーブの握りは「コンチネンタルグリップ」が基本です。これは60-61ページのボレーで紹介した握り方と同じです。羽子板を突くときの握りとは違います。最初は違和感があるかもしれませんが、このグリップでなければサーブは上達しません。絶対にこのグリップは守ってください。

ラケットを握ったときに「フレーム」が地面と垂直になっているかチェック

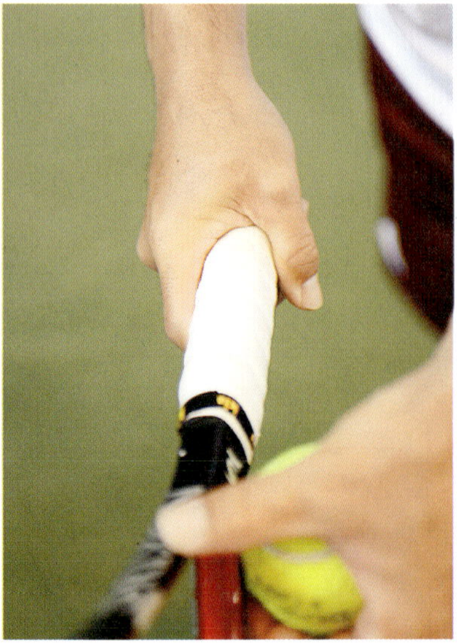

上から見たときにこの形になっているかチェック

構えをチェック

コンチネンタルグリップで握ってサーブの構えをすると、右足を軽く引いたクローズド気味のスタンスになるはずです。正面向きで構えてしまう人は右足を後ろに引いて、下の構えを作りましょう。

✕ 正面向きはNG

〇 この構えが自然

✕ 伏せた面で構えるのもNG

こうなっている人はグリップが厚い証拠。薄いコンチネンタルグリップに握り変えるように

サーブを打つときの腕は？

この形に
空手チョップの形から

サーブの基本スイング

コンチネンタルグリップでサーブのスイングを行うと、左ページの写真のようにエッジ方向にラケットが出てきます。それをインパクトの直前で返して打つのがサーブのスイングの基本です。

「何だか難しいことをするな……」と思われた人がいるかもしれませんが、これは顔の前でウチワを振る動作とまるで同じ。頭で考えなくても身体が勝手に動くので気にする必要はありません。

構えたときに身体は横方向を向いているので、腕を振り上げると自然に右斜め方向のスイングとなります。しかし、これも気にする必要はありません。サーブは「スイングは右に、ボールは左に飛ぶ」のが正解。ここがサーブの大切なポイントです。

ラケットを持つとこうなる

インパクトで
面を返す
エッジ方向で
スイングを開始して

Point 肘を高い位置にキープしたまま右斜め方向に腕を振り上げる。
これがサーブのスイングの基本

6
6

スイングは右に、ボールは左に

1 コンチネンタルグリップで握ってクローズドスタンスで構える。フォームのことは考えずにとにかくスイングしてみる

ボールの飛びで スイングをチェック!

それでは、ここまでに紹介したグリップ、構え、スイングの基本を押さえながらボールを打ってみましょう。ボールをサービスボックスに入れる意識は必要ありません。とにかく、ラケットは右に振り抜いているのに、ボールは左に飛ぶ、という感覚を身体に入れてください。

打ったときに写真のようにボールが左に飛ばない場合は、どこかが間違っています。もう一度、70～73ページに戻って基本をチェックしてください。

2 エッジ方向から振り出したラケットがインパクト直前で自然に返ってくるかどうか確認する

3 右に振り抜いたとき、ボールが左に飛んでいれば、あなたのサーブのスイングは間違っていない

トスアップ上手はサーブ上手

ボールの持ち方

○ 親指、人差し指、中指で軽くボールを持ち、薬指（小指）はボールを支える程度に使う

× 五本指でギュッとボールを握り締めるのはNG

トスが安定するとフォームが固まる

グリップからスイングまでサーブの基本を理解したら、次に絶対にマスターしてほしいのが正確な「トスアップ」です。トスをいつも同じところに上げることができれば、そこに向かって基本のスイングをするだけのこと。フォームを安定させるためにも、正確なトップアップは必要不可欠です。

ただし、「どう上げれば良いのか？」という基本がわかっていないと、トスは簡単ではありません。テニスには「トスアップ上手はサーブ上手」という言葉があります。サーブを上達させるために、トスアップの基本をしっかり頭に入れて、繰り返し練習しましょう。

ボールの上げ方

トスは、肩を支点に、腕をまっすぐに伸ばしたまま上げるのがポイントです。手首、肘を使って上げるのはNG。関節を曲げながら上げるとトスは安定しません。

リリースポイントまで肩を支点に腕をまっすぐに伸ばしたまま上げる。写真のように後ろのポジションから真似して上げてみよう

練習法

ベースラインの前に落とし場所を作ってその中に確実に落ちるように繰り返し練習しよう。10球連続入るようになったらサーブも確実に上達している

リリースポイント

低い位置でボールを離すとトスは安定しないので、ボールを離すのはできるだけ高いポジションで。最低でも目の高さより上でボールをリリースするように！

× 低い位置で手首を使って上げるとボールがあっちこっちにいってしまう

○ この高さでリリースするのが理想

このサーブをお手本に

基本を押さえたセカンドサーブ

これはここまでに紹介した基本を押さえながら打ったサーブです。コメントを参考にしながらスタート（構えたところ）からフィニッシュ（打ち終わったところ）までの学習ポイントをチェックしていきましょう。

ボールをヒットするときはちゃんと面が返っているか？
右方向にスイングできているか？
フィニッシュでボール打った方向に身体が向いているか？
6
⑤
⑥
⑦

もっとも自然にスイングできる場所にトスは上がっているか？
肩を支点にトスアップしているか？ 高いところでリリースしているか？
まず打つコースを決めて、構えたときはグリップがコンチネンタルになっているか？ 右足を引いたスタンスになっているかチェック
エッジ方向からのスイングができているか？
①
②
③
④

第3章

ボールの変化にうまく対応してラリーできるように

この章からは、前章で学んだ基本ショットを伸ばしていくコツを紹介していきます。ベースがしっかりとしていれば、ここで紹介するポイントを加算していくことで、どのショットも確実に伸ばすことができます。もし、うまくいかないショットがあれば、どこかが「変」なはず。前章に戻って、基本がちゃんとできているか今一度チェックし直してください。

スイングスピードを上げる

ここからは、フォアハンドでベースとなるショットを項目別にポイントを挙げながら紹介していくことにします。すべてのショットがストレスなく打てる状況です。余裕を持って構えることができたとき、何に気をつけて打てば良いのか、ショット別にチェックしていきましょう。

1 後ろ足の股関節あたりに重心を置いて軸を作りながらテイクバックを完了。左肩をグッと入れるのも大切なポイント

「軸」を作って回転で打つ

テイクバックを完了したときに身体のセンターに軸ができていれば、その軸を中心に回転運動を使って鋭くスイングすることができます。しっかりと軸を作った上で、「身体を先に回し、ラケットが後からついてくる」くらいのイメージでスイングするのが理想です。

軸を意識してスムーズな回転運動を

将来を考えたらフォアハンドは絶対「武器」にしたいショットです。ただミスなく入れるだけのフォアでは満足できません。スピードがあって、回転もよくかかったボールを打てるようにしたいところです。

そのためにはスイングのスピードを上げる必要があります。ラケットを速く振ることができれば、「スピード」も「回転」も手に入れることができます。このときにキーワードとなるのが身体の「軸」です。しっかりとした軸を作り、スムーズな回転運動を使ってボールをヒットすることが最大のポイントです。

Lesson3 フォアハンドを伸ばそう!

4 フィニッシュで身体に巻き付いたラケットが回転運動で打った証拠

3 スイングスピードはボールを打った直後が最速

2 軸を中心に身体を回しながらボールをヒット。地面を蹴ってパワーを得る

Point

軸が作れていれば、その軸を中心に身体を回すだけで腕を速く振れる

NG 軸が作れていないと身体をうまく回せないので手打ちのショットになってしまう

後傾は×

へっぴり腰も×

厚い当たりを体感しよう

3 上体の捻りを戻しながらフラットの面を作ってインパクト

4 後ろ足から前足に軸を移したフィニッシュ。完璧なスイングならバランスは崩れない

厚い当たりで打とう！

フォアハンドが弱い人は、ボールを「弾いたり」、「擦ったり」して打ってしまいますが、フォアハンドが強い人は、ボールを「潰す」イメージで打っています。これが最近主流の「厚い当たり」です。連続写真を参考に、ボールをしっかりと打ち抜いて、厚い当たりにする、最新フォアハンドのポイントを学んでいきましょう。

Point

もっとも力の入る打点でボールをヒットするのが「厚い当たり」を得る最大のポイント

Lesson3 フォアハンドを伸ばそう!

1 軸足を決めて高い位置にテイクバック。上体の捻りもしっかりと入れる

2 体重を前足に移しながらボールの高さに合わせてラケットダウン

Point

ボールをヒットした後も打球方向に面を押し出ししながら、ボールを打ち抜くイメージを持つと、厚い当たりが実感できる

トップスピンをかけよう

3 ボールの高さよりも下にラケットダウン。回転運動を使って一気に振り上げる

4 ナチュラルに順回転をかけたトップスピンを打つとフィニッシュのラケット位置はここ。ヘビーなトップスピンをかける場合は、もっと高いところにフィニッシュ位置がくる

スイングの高低差でトップスピンをかける

前ページの厚い当たりでは、ボールの真後ろにラケットを引いてフラット系のボールを打ちましたが、ラケット面をボールよりも下に準備すれば、当然、下から上のスイングになり、打つボールにはトップスピン（順回転）がかかります。

トップスピンは、下から上へのスイング差が大きくなればなるほど回転量が大きくなりますが、逆にボールのスピードは回転量が多くなると遅くなってしまいます。トップスピンを打つ場合は、状況に応じて、回転量とスピードの案配を考えながらスイングの方向を変える必要があります。

1 テイクバックの完了形までは他のショットと同じに。この構えでトップスピンを読まれないこと

2 体重を前足に移しながらラケットセット。膝の伸び上がりを使ってスイングに入る

Point

左の高さからスイングが始まり、右の高さにフィニッシュがくれば、ボールには必ずトップスピン（順回転）がかかる。このスイングの高低差でスピン量を調整できるようになるのが理想

Tips

トップスピンは遠心力を使って打ちたいショット。スイングスピードがもっと速いスウィートスポットの上部でボールをヒットするのも大切なポイント

ボールの高低に対応しよう

スイングを変えずに打つのがポイント

相手のボールによって、高い打点で打つ状況と、低い打点で打つ状況があります。「低いボールは得意だけど高いボールは苦手」、また逆に「高いボールは苦手だけど低いボールは得意」……というのでは試合には勝てません。ここではボールの高低にどう対応すれば良いのか考えてみましょう。

基本は、「ボールの高低によってスイングを変えない」ということです。膝下から胸の高さのボールだったら下半身の曲げ伸ばしで打点を調整するようにしましょう。

後ろ足を蹴って
高い位置でラケ
ットをキープ
③
ボールを追う
ようにフォロ
ースルーして
④
フィニッシュの
ポジションはここ
⑤

膝を落とした
まま体重を前
足に移してイ
ンパクト
③
フォロースルー
ではまだ膝を伸
ばさない
④
フィニッシュ
の形はこれ
⑧

郵便はがき

104-8233

お手数でも
郵便切手
をお貼り
ください

東京都中央区京橋3-7-5
京橋スクエア11F

実業之日本社

「愛読者係」行

ご住所　〒

お名前

メールアドレス

ご記入いただきました個人情報は、所定の目的以外に使用することはありません。

お手数ですが、ご意見をお聞かせください。

この本のタイトル

お住まいの都道府県	お求めの書店	男・女 歳

ご職業　会社員　会社役員　自家営業　公務員　農林漁業
医師　教員　マスコミ　主婦　自由業（　　　　　）
アルバイト　学生　その他（　　　　　）

本書の出版をどこでお知りになりましたか?

①新聞広告（新聞名　　　　　）②書店で　③書評で　④人にすすめられて　⑤小社の出版物　⑥小社ホームページ　⑦小社以外のホームページ

読みたい筆者名やテーマ、最近読んでおもしろかった本をお教えください。

本書についてのご感想、ご意見（内容・装丁などどんなことでも結構です）をお書きください。

どうもありがとうございました

実業之日本社のプライバシー・ポリシー（個人情報の取扱い）は、
以下のサイトをご覧ください。http://www.j-n.co.jp/

Point

低いボールを打つときに膝を曲げないと手打ちになりやすい。写真のようなUの字型のスイングにならないように注意しよう

高いボールへの対応

テイクバックのラケットセットはここ
①
胸の高さのボールに合わせてラケットダウン
②

低いボールへの対応

テイクバックのラケットセットは高い打点と同じ
①
膝の高さのボールに合わせてラケットダウン
②

ボールをコントロールしよう

3 身体を回しながら打点を前にとってフォワードスイング
4 インパクトでは身体はネットの方向を向く
5 回転運動を使って打つのでフィニッシュはこの形

2コースの打ち分けをマスターしよう

ストロークで一番簡単なのは打ってきた相手の方向に返すショットです。しかし、実戦ではコートのセンターから打ってきた相手のボールをまっすぐに返すことなど、まずありません。身につけたいのは相手がいないスペースにボールをコントロールする技術です。

マスターしたいのは、「ストレートから来たボールをクロス」に打つテクニックと、「クロスから来たボールをストレート」に打つテクニックです。この2ショットのポイントを紹介していきます。

ストレートから来たボールをクロスに

1 相手のボールがストレートから入ってきたら

2 ラケットをセットしたまま打球方向にステップイン

ボールをコントロールしよう

3 身体の回転を抑えながら フォワードスイング
4 ボールを左足の前まで 引きつけてインパクト
5 身体の開きを抑えて フィニッシュ

身体の開きを抑えるのがポイント

コースの打ち分けで簡単なのは、前ページのストレートから来たボールをクロス方向に打つショットです。これは身体が回転する方向に自然にスイングすれば良いだけ。練習では「どこで打てばどこに飛ぶか？」という打点探しをしてください。技術的に難しいのは、クロスから来たボールをストレートに打つショットです。このショットを成功させるコツは、ボールに先回りして軸足をセットし、身体の開きを極力抑えること。左肩を入れながらボールを引きつけ、意図的に打点を遅らせて打つのがポイントです。

クロスから来たボールをストレートに

1 相手のボールがクロスから入ってきたら
2 左肩をグッと入れて打球方向にステップイン

NG 軸足のセットが遅くなると手打ちのショットになってボールコントロールが利かない

ボールに追いつけないとこうなる！

Point

両方向の打ち分けで共通する大切なポイントが軸足のセット。軸足をボールの後ろに早めに用意して、そこが決まったら打球方向に左足をステップインする

ストレートならこの方向
クロスならこの方向

スイングスピードを上げる

ここからは、片手打ちバックハンドを伸ばすためのポイントを紹介していきます。ここで紹介するのはナチュラルなトップスピンをかけるときのバックハンドです。片手打ちで大切なテクニックである「スライス」は110ページから別枠を設けて紹介しています。

1 肩を入れながら上体を捻ってテイクバックを開始。ラケットを高い位置で引くのも大切なポイント

2 肩越しにボールを見ながら、まっすぐの軸を作る

ラケットを振り切れるかチェックしてみよう

将来ある片手打ちバックハンドを身につけるために大切なのは、しっかりとラケットを「振り切る」ことです。ミスを恐れた中途半端なスイングに終始していると、いつまでたっても攻撃的なボールは打てません。

片手打ちのバックハンドでスイングスピードを上げるためのポイントも、フォアと同様に「軸」をしっかりと作ることです。「体幹」をしっかりさせることで軸を作り、回転運動を使ってスイングするのは、82～83ページで紹介したフォアハンドのポイントと同じ。相手コートに入る、入らないは別に、まずはラケットを思い切り振り切るスイングを作りましょう。

3 軸をまっすぐにしたまま前めの打点でインパクト

4 胸を大きく張ってフィニッシュ。左手は後ろに残すように

Point

風切り音は出ているか?

素振りをしたときに、風を切る音がはっきり聞こえるかチェックしよう。ビュンという音が聞こえれば振り切れている証拠

厚い当たりで打とう

1 軸足を決めて高い位置にテイクバック。肩にアゴが乗るくらい上体を捻る

2 体重を前足に移しながらボールの高さにラケットをセット

厚い当たりで叩ける打点を探そう！

片手打ちのバックハンドは、打点が前すぎても後ろすぎてもダメというショットです。もっとも力が入る打点幅はかなり狭く、最高の打点でボールをヒットするのは簡単ではありません。まずは自分のグリップで「厚い当たり」にできる打点を探しましょう。

46ページで探した厚めのグリップなら打点はかなり前に来ます。3コマ目の写真のように腕を突き出した状態でフラットの面でボールを捉えるのが「厚い当たり」にするときの理想です。

Lesson3 片手打ちバックハンドを伸ばそう!

3 前めの打点で拳を突き出すイメージでインパクト

4 肩甲骨を寄せるイメージでフィニッシュするとこの形になる

Point
打点を前にとる

打点が遅れると厚い当たりにはならないので、腕を突き出したところでボールをヒットするように。腕が曲がったところでヒットするのは NG

○はこの打点

× この打点は NG

トップスピンをかけよう

1 肩にアゴを乗せたテイクバックからスイング開始
2 ボールの高さよりも下にラケットダウン

ボールより下にラケットをセット

トップスピンをかけるときのメカニズムは86～87ページで紹介したフォアハンドと同じです。ポイントはボールよりも下にラケットヘッドを準備すること。下から上へのスイングスピードが速ければ強烈なスピンがかかります。

NG

腰高

後ろ足の膝が落ちていないと手だけを下げる打ち方になってトップスピン用のスイングにならないので要注意

3 下から上のスイングを意識しながら身体を止めて前めの打点でボールをヒット

4 前方の高い位置にフォロースルー

Point

低いボールはトップスピンで対応

バウンドが低いときは、ボールを持ち上げて打つ必要があるので、トップスピンは必要不可欠なテクニックと言える。低いボールをスピンで打つときは写真のように後ろ足の膝を地面につくくらい落とすのがポイントと言える

ボールをコントロールしよう

引っ張って打つクロス、流して打つストレート

　同じバックハンドでも両手打ちは左手の操作でコースの打ち分けができますが、片手打ちはステップインの方向、フォロースルーの方向をしっかりとらないと、うまく打ち分けできないショットです。打ち分けで基本となるのは、「身体に入ってくるボールを引っ張って打つクロス」と、「身体から逃げていくボールを流して打つストレート」です。２つのショットを打つ際のポイントをチェックしていきましょう。

相手のボールが身体のほうに入ってきたら
①
ボールを十分に引きつけて
②

相手のボールが身体から逃げていくときは
①
クローズドスタンスで打球方向にステップイン
②

Point

「身体の方向に入ってくるボール」より「身体から逃げていくボール」のほうが厄介。後者がうまく打てるようになればかなりのレベルと言える

ストレートから来たボールをクロスに

顔を残したままラケットを振り抜く
4
自然に身体を回しながら前目の打点でインパクト
3

クロスから来たボールをストレート

打球方向にフォロースルー。身体は回さないのがポイント
4
身体の回転を抑えながら打球面を作ってインパクト
3

左利きのフォアハンドのイメージ

両手バックは左手7：右手3

第1章で、両手打ちバックハンドは「左利きのフォアハンドのイメージで」と言いました。プロたちのコメントを聞くと、右手（利き手）3割、左手7割くらいのイメージで打っている選手が多く、実際に左手でフォアを打ってもらってもフォームには何の違和感もありません。

　つまり、両手打ちを上達させるためには、左手をうまく使うことが大切ということです。利き手が強すぎるのはNG。まず左手のフォアハンドでどのくらいボールを打てるか試してみてください。

Point

左手で打ってみよう!

両手でラケットを握ってから右手を離して左手だけでフォアハンドを打ってみよう。強いボールを打つ必要はない。楽なスイングでネットを越えるようなら左手を使えている証拠

この左手だけのフォアハンドに

右手を添えると両手打ちバックハンドになる

絶対ミスしない打点を見つけよう

1 球出しのボールをクロス方向に打つ前提で

2 バウンドに合わせてステップイン

コンパクトなスイングでフラット系ボールを

両手打ちのメリットは、左手を使えるので、片手打ちよりも圧倒的に後ろから支える力が強いということです。インパクトではボールを押せて、パワーが出るので、スピードボールにも負けません。

両手打ちはパワーがあるので、片手打ちよりもコンパクトなスイングで打つことが可能です。両手打ちを伸ばす最初のステップは、コンパクトなスイングでフラット系のボールを打つことです。写真のように無理のない自然なスイングでミスなく打てるようになりましょう。絶対にミスしない打点を見つけてから次のステップに進むのが上達の早道です。

4 フィニッシュでは身体はネットと正対してラケットはここに収まる

3 両腕はこの形でインパクト

トップスピンをかけよう

1 右足を踏み込むタイミングではラケットは高い位置にキープ
2 下半身を決めてからラケットダウン

基本は厚く当てよう

左手を使える両手打ちは、トップスピンをかけるのも簡単です。コンパクトなスイングでもラケットを速く振れるので、回転量を調整しながら鋭いトップスピンを打つことができます。写真のような推進力のあるトップスピンは回転の要素が抑えられているので「厚い当たり」のスピンということができます。

NG

手首を曲げてラケットダウンしない

このように手首を曲げてラケットダウンすると、ただ擦り上げるだけのボールになって厚い当たりにはならない

4 一気にフィニッシュのポジションまで振り切る

3 インパクトはこの形で

Point
早いタイミングでラケットを下げない

ラケットダウンするのはフォワードスイングに入る直前のタイミング。上の１コマ目のタイミングで、この写真のようにラケットヘッドが下がっているとスイングを加速できないので要注意

高い打点から強打しよう

1 ボールを落とす前にコートの中に入って
2 ボールの高さに合わせたテイクバックから
3 高い位置のレベルスイングで振り抜く

高い打点から叩けるのが両手打ちのメリット

後ろからラケットを支える力が弱い片手打ちでは、高いボールを叩くのは難しいテクニックですが、両手打ちなら高いボールでも問題ありません。これは両手打ちの大きなメリットです。せっかく両手打ちにしたのならこのメリットを逃す手はありません。しっかりと、高い打点から叩くテクニックをマスターしていきましょう！

Lesson3 両手打ちバックハンドを伸ばそう!

Point-1

両手打ちなら踏み込んで打てる

片手打ちだと、うまく打っても身体は後傾気味になるが、両手打ちだと、踏み込みながら右ページの3コマ目のように前傾して打てる。高いボールを打つときは両手打ちのほうがはるかに有利だ

Point-2

後ろからラケットを引っ張られているイメージで

高い位置に用意したラケットを、後ろから引っ張られているイメージを持つと、パワーがたまり一気に振り抜くことができる

Point-3

下がらずに頭の上で打つことも可能

片手打ちだと下がらなくてはいけないボールでも、両手打ちなら下がらずにトップスピンで対応することができる。これも両手打ちバックハンドのメリットだ

スライスの基本

同じバックハンドでも、片手で打つバックハンドのスライスはまったく別のテクニックが必要です。「スライスのスイングに中にバックボレーがある」と言われるように、バックボレーとの親和性が高く、グリップはボレーと同じコンチネンタルグリップを使うのが基本です。ここではスライスの基本から学んでいくことにしましょう。スライスをマスターすれば（バック）ボレーも確実に上達します。ここで紹介する練習法をぜひ普段の練習に取り入れてください。

❶グリップはコンチネンタル

スライスを打つときのグリップはサーブ、ボレーを打つときと同じコンチネンタル

❷ヒットするときは上向きの面になる

コンチネンタルグリップで握って、手首を立てたまま自然にスイングすると、インパクトでは写真のような上向きの面になる。

❸肩を支点に腕を振る

肩を支点に腕を振ると上向きの面のままのスイングになる。この面でボールに当たると自然にバックスピンがかかる。これがスライスの原理だ

スライスをマスターするための練習法

❶短い距離の相手に返す

まず最初は手投げのボールを相手に返球する。返すのは相手の胸の高さ。山なりの弾道を描くボールで何本でも正確に返せるようになるまで繰り返す

段階的な練習法がお勧め

スライスでは距離のコントロールと回転量のコントロールが重要です。距離のコントロールはスイングの大きさで、回転量のコントロールはボールに入れる面の角度で調整します。その2つをマスターするためには段階的な練習法が効果的です。

Point

ゆっくりとしたスイングで打ったボールにバックスピンがかかっているかチェック

❷距離を伸ばして相手に返す

写真くらいの距離に伸ばして、手投げのボールを山なりの弾道で相手に返す。テイクバックの大きさは同じでスイングの大きさで距離を出すように。これも失敗なく正確に返せるようになったらネットを挟んでラケットで球出しを行う

Point

打つときの面を立てればボールの弾道が低くなってスピードが出る。面の角度によって弾道が変わることをこの練習で実感しよう！

身体から遠いボールに対応する

ここからは、さまざまな状況で使えるボレーのポイントを紹介していきます。絶対に守ってほしいのは60ページで紹介したボレーグリップを必ず使うこと。すべてのショットは「コンチネンタルグリップでボレーする」ことを前提に解説しています。

フォア側に遠いボールが来たら

1 右足をボールの方向に大きく踏み込んで（ファーストステップ）

2 左足をステップインしてボールをヒット（セカンドステップ）

2ステップでボールに近づく

シングルスでネットに出たときは身体に近い場所でボレーすることは稀です。つまり、身体から遠いボールにうまく対応できないと、ネットに出た意味がないということです。ここでポイントとなるのが 64 ～ 65 ページで紹介した２ステップするボレーです。しっかりとおさらいしていきましょう！

バック側に遠いボールが来たら

1 左足をボールの方向に大きく踏み込んで（ファーストステップ）

2 右足をステップインしてボールをヒット（セカンドステップ）

Point ファーストステップはネット方向に

一般プレイヤーによく見られるのは一歩目を真横に踏み出すステップ。これだと遠いボールに手が届かない。また写真のようにバランスを崩しやすいので一歩目は必ずネット方向に踏み込むように！

身体に近いボールに対応する

あなたはどっちのタイプ？

「身体の正面にスピードボールが飛んできました。もう身体を捌く時間的な余裕はありません。あなたはどう対応しますか？」……ダブルスでは相手の後衛が前衛にボールをぶつけてくることがあります。このときうまく対応できないと相手は何本でも狙ってきます。身体に近いボールへの対応はダブルスを戦う上で避けては通れません。しっかりと対処法をマスターしましょう。

①バックボレーで対応

or

②フォアボレーで対応

Point 身体の正面は「バックボレー」が基本

ちゃんとしたボレーグリップになっていればバックボレーで対応するのが正解。なぜならバックボレーのほうがフォアボレーより圧倒的にボールをキャッチできる範囲が広いからだ。写真を参考に自分でもチェックしてみよう!

バックボレーなら
この範囲を守れる
adidas

フォアボレー
だと身体をう
まく捌いて正
面がやっと

身体をうまく
捌けないとこ
んな感じにな
ってしまう

膝下の低いボールに対応する

ローボレーをマスターしよう！

サーブ＆ボレーのときも、リターンダッシュのときも、ファーストボレーで絶対にクリアしなければいけないのが膝下のローボレーです。相手がネットに出てきたときは「足元に沈めて……」というのがセオリー。ローボレーでうまく対応できなければネットポジションをとることはできません。どうすれば良いのか、しっかりと対処法をマスターしていきましょう。

フォアのローボレー

1 サーブ＆ボレーでスプリットステップしたポジションはここ

2 体勢を低くしたまま右足をステップイン

3 ラケットヘッドを落とさずにボールをヒット

バックのローボレー

1 バックボレーでもボールの高さに合わせた低い体勢を心掛ける

2 ラケットヘッドを立てた状態でボールをヒット

3 大きく踏み込んでそのままセカンドボレーにポジションに出る

4 インパクトの面を維持したまま

5 打球方向に素直にフォロースルーを取る

Point

セカンドボレーのポジションをとる

ファーストボレーに成功したら次は攻撃に移ることを考えよう。下はファーストボレー後にネットに出てセカンドボレーのポジションでスプリットステップしたところ。ここにポジションするのがファーストボレーの目的だ

ハーフボレーで対応する

軽いトップスピンをかけながら押し出すのがコツ

足元に沈んだリターンをノーバウンドで処理できないときもあります。また、身体を伸ばしてぎりぎりで取るファーストボレーはミスが出がちです。そこで使いたいのがショートバウンドでボールを処理するハーフボレーです。難しそうに見えますがちょっとしたコツさえ掴めば意外に簡単なテクニックです。必ずマスターしましょう。

フォアのハーフボレー

1 ショートバウンドするボールに合わせて歩幅を調整
2 バウンドするボールの上がり端にラケット面を用意
3 腕をまっすぐに伸ばしながら軽くトップスピンをかけてヒット
WASEDA
TENNIS

バックのハーフボレー

3 ラケットを前に押し出すようにして軽いスピンをかける

2 ボールの上がり端にフラット面でヒット

1 できるだけ低い体勢でラケットを準備

Point

フェースがコートをなぞるくらい手元を下げる

状況によっては低い体勢を作れないこともある。そのときは手元だけ下げることを考えよう。写真のようにラケットフェースでコートをなぞるくらい横使いできれば十分

4 身体を止めずにネットに詰める

フォアハンドハイボレー

意外とミスが出やすいフォアハンドハイボレー

ハイボレーは簡単なように思えますが、自由度が高いので意外にミスが出やすいショットです。とくに相手コートまでの距離があるファーストボレーのハイボレーは要注意。ミスを出さないポイントをしっかりと押さえてください。

フォアのハイボレー

1 相手のリターンが浮いてきたら
2 ファーストステップをできるだけ大きくしてネットに近づく
3 テイクバックを小さくボールの後ろにラケット面を準備して
4 セカンドステップと同時にインパクト
5 フィニッシュはここ。そのままネットに詰める

Point 余計なことをしない

フォアのハイボレーは力が入りやすいショットなのでいろいろな打ち方ができるが、ミスしないためには極力余計なことをしないのがポイント。ラケットを振るイメージを持たずに、踏みこむスピードでボールにラケットをぶつけるイメージを持とう!

○ コンパクトなテイクバックから足の踏み込みで打つ

これもあり!

フォアのスイングボレーは148ページで紹介します

× 手首を使ってパチンと叩くのもNG

× ボールを切っていれようとするのはNG

バックハンドハイボレー

もっともミスが出やすいバックハンドハイボレー

さまざまなボレーの中でも、ネットまでの距離があるバックハンドのハイボレーは、難しいショットです。ファーストボレーを考えたらバックのハイボレーは確実に「つなぐ」ことを考えるべきです。相手に正確に返すバックハンドハイボレーのポイントを学んでいきましょう。

バックのハイボレー

1 バック側にボールが浮いてきたら
2 ラケットを高い位置に用意しながら左足でファーストステップ
3 深く返すことを考えながらインパクト

これもあり!

両手打ちバックハンドのスイングボレーは170ページで紹介します

Point

上から下のスイングにしない

バックハンドのハイボレーを相手コート深くに返すときはレベルスイングを心掛けよう。写真のようにテイクバックしたときの手首のポジションとフォロースルーの手首のポジションを同じ高さに保つのがポイント

4 ボールを切り落とさない形でフィニッシュ

ドロップボレーをマスター

正確にボールを落とすドロップボレーをマスターしよう！

　ボレーのメリットは、同じ大きさのテイクバックからボールの長短のコントロールが容易にできる点です。その中でいちばん短く落とすテクニックが、ドロップボレーです。相手をベースライン深くに追い込んだときなど、一発で確実に仕留められるドロップボレーをマスターしていきましょう。

フォアのドロップボレー

1 小さなテイクバック、小さな構えでボールに入る

2 グリップエンドだけを引き寄せるイメージでインパクト

3 膝を送り出しながら、ラケット面はインパクトで止めるイメージ

バックのドロップボレー

1 ボールの高さにコンパクトにテイクバック

2 ソフトタッチでインパクト

3 小さな放物線を描く弾道でボールを落とす

Point

極端なバックスピンはかけない

ドロップボレーと聞くとバックスピンをかけるショットというイメージがあるかもしれないが、極端にボールを切ってバックスピン（これは特殊なテクニック）をかけるのはNG。ドロップショットは相手に取られずに「落とす」だけのショット。写真のようにラケットの動きを極力小さくするのがうまく落とすためのポイントと言える

4 ネットぎりぎりを狙わない

これもあり!

ネット際のボールをドロップボレーするときは右足を出しながら（バックなら左足を出す）のほうが楽にコントロールできる場合もあるのでトライしてみよう!

使えるアングルボレーをマスター

角度をつけたアングルボレーをマスターしよう！

ボレーは面の操作で容易に角度を変えることができるショット。入ってくるボールに対して意図的に角度を取った面を用意することで、出て行くボールのコースを変えることができる。これがアングルボレーの「入射角＋反射角」の考え方です。まずマスターしたいのは、ネットの近くで打てるアングルボレー。ポイントをしっかりと押さえてマスターしていきましょう。

フォアのアングルボレー

1 どこにでも打てる面をボールの後ろに準備して
2 ボールの右側に角度をつけたラケット面を入れてヒット
3 インパクトで作った面の方向にボールは出て行く

バックのアングルボレー

1 テイクバックしたままで きるだけネットに詰めて
2 ボールの左側 に面を入れる
3 打った後も面の 角度を変えない

Point

相手に読まれないように

アングルボレーは相手に読まれてしまうと逆にピンチになりかねないショット。読まれないためにはテイクバックではまっすぐ相手に返す面を作り、インパクト直前で面の傾きを出すのがポイントだ

フラットサーブ

ここからはサーブの球種を打ち分ける際のポイントを紹介していきます。紹介するのはフラット、スライス、スピンの各サーブですが、構えてからボールを打つまでの身体の使い方は基本的に同じ。連続写真を見ても極端な違いがないのがわかるはずです。サーブは「型にはめる」ショットです。70-75 ページで紹介した基本を守って練習すれば、必ずこれらのサーブに到達します。

できるだけ回転を与えずにスピードを追求するのがフラットサーブです。写真を参考にしながらフラットで打つときのコツを学んでいきましょう。

1 トスアップのときはグリップとスタンスをチェック。フラット、スライス、スピンとも共通

2 トスアップしてテイクバックを完了したこの状態がトロフィーポーズ

3 フォワードスイングに入るときはラケットダウンしているかチェック

Point トロフィーポーズ

下半身主導の運動を上半身主導の動きに切り替えるタイミングで一瞬動きが静止したようになるのがトロフィーポーズ。ここがピタッと決まれば切り返しがうまくいく！

Point トスアップ

サーブは下半身と上半身でうまく捻転差を作ることができるとパワーが生まれる。ベースラインに沿うように肩を入れてトスアップすると自然に上半身の捻りを作れるので試してもらいたい

4 ボールの真後ろにラケット面を入れる意識でインパクト

5 ボールを切る意識を少なくしながらフォロースルー

6 フィニッシュでラケットの収まりはこのポジション

スライスサーブ

Point ヒッティングポイント

インパクトは「頭の上で」と思っている人がいるが、正しいヒッティングポイントは右肩の上。これはフラットもスライスも同じ。写真はフラットをイメージした打点だが、この面を少しだけ斜めに向けることでスライスになる

ボールに横（斜め）方向の回転を与えて打つのがスライスサーブです。写真を見てもわかるようにフォームとしてはフラットサーブと変りません。フォームからスライスサーブを読まれないことが大切です。

1 トスアップのときにグリップとスタンスをチェックするのはスライスでも同じ

2 ボールをやや右方向に上げたトスアップ

3 ラケットダウンしたときのフォームはフラットとまるで同じ

Point インパクト前の面は?

サーブは正しくグリップで正しいスイングができていれば必ず「エッジ方向」からのスイングになる。写真のポジションでラケット面が上を向いているのはNG。これでは斜めに面が入らないのでスライスはかからない

4 右肩の上でボールをヒット

5 右方向にラケットを自然に振り抜く

6 ボールを切るイメージで打っていないのでフィニッシュ形はフラットと同じ

スピンサーブ

スピン系サーブを打つときの上体の反り（大きい）

ボールに順回転を与えてバウンド後に弾ませるのがスピンサーブです。右から左方向へのスイングが大きくしたいので、それに合わせたトスアップや身体の使い方が必要になります。

1 トスアップのときはグリップとスタンスをチェック。スピンサーブでもここは変らない
2 トロフィーポーズでグッとタメを作る
3 ラケットダウンしたときに若干身体の反りを大きくする

Point 上体の反り

左はフラット、スライスを打つときのイメージで、右がスピン系（キックサーブ）を打つときのイメージ。スピン系サーブサーブを打つときは「頭より左側にトスを上げなければ……」と思っている人が多いが、実際は上体の反りを大きくして頭上にヒッティングポイントを取るのが正解。ここを誤解するといつまでたってもスピンサーブが上達しないので要注意

フラット、スライスを打つときの上体の反り（小さい）

6 右から左へのスイング意識が強いのでフィニッシュはここに
5 右方向に大きくラケットを振り抜く
4 頭の延長線上でボールをヒット

第4章

スペシャルなショットを打てるように

この章では、プロが試合で使っているようなショットをマスターしていきましょう。と言っても、プロでもアマチュアでも試合の場面、場面で使いたいショットは同じです。違いは、それが打てるか、打てないか、使えるか、使えないかの差。ここではその差を埋めるためのコツやポイントを紹介していくことにします。

ライジングショットで相手の時間を奪おう

ライジングショットは、バウンドしたボールが頂点に達する前の早いタイミングで捉えるショットです。当然、早いタイミングで打つと相手は準備が間に合わなくなります。ライジングショットは相手の「時間を奪う」ためのショットなのです。攻撃的なテニスを指向するのなら、相手の時間を奪うライジングのテクニックは確実にマスターしたいところです。

ラケットも
落とさずに
レベルスイング
でヒット
身体を回して
フィニッシュ
④
⑤
⑥

練習法 速いボール出しで連続打ち

ライジングを成功させるためにはコンパクトで素早いテイクバックが必要不可欠。スキを与えずにどんどん球出しして、ライジング用のテイクバックを身につけさせる

ボディターンで
小さくテイク
バック
ボールを
落とさずに
素早くコートの
中に入って
①
②
③

フォアが得意なら破壊的な攻撃ができる!

バックハンド側に来たボールを素早くフォアに回り込んで打つのが、プロの間ではノーマルなテクニックとなっています。一般プレイヤーでもフォアがバックより得意ならどんどん取り入れたいショットです。このショットを成功させる鍵は、回り込みのフットワークです。どんな点に気をつければ良いのかは連続写真を参考に。また回り込みのフットワークを身につける練習法も併せて紹介しておきます。

フットワークを
使ってボールの
後ろに身体を運ぶ
①
軸足をボールの
後ろにセット
②
ボディターンで
グッと肩を入れて
③

サービスライン
に立って
球出しのボール
に回り込む
打ち終えたら最初の
ポジションに戻る

練習法 練習の強度上げるときは左コートでフォアを一本打ってから回り込みのボールを送る

④
身体を回しながら
ボールをヒット
⑤
打つ方向に
フォロースルー
⑥
フィニッシュで
まっすぐの軸が
残っているか
チェック

回り込みのドロップショット

相手の意表を突くスペシャルなテクニック

回り込みに成功したときは、逆クロスとダウン・ザ・ラインの２コースが基本です。どちらに打つ場合も相手はベースライン深くに構えます。そこで虚をついて放つのが錦織圭選手がよく使うこの回り込みのドロップショットです。ショットを成功させるポイントは、ギリギリのタイミングまで相手に強打してくると思わせることです。下の連続写真と左の Point を参照に、回り込んで短く落とすフォアのドロップショットをマスターしましょう。

グリップチェンジして
回り込みの強打と同じフットワークを使って
軸足をボールの後ろに運ぶ
③
②
①

Point 片手だけでもグリップチェンジできるように

最初は左手を使ってグルップチェンジしても構わないが、慣れてきたら手の平の中だけでグリップチェンジできるようにしよう！

このグリップから
このグリップに

スライスの面で
逆クロスに落とす
④
⑤

高いボールをフラットで叩き込め!

　コートに足をつけたままなら「頭の高さ」で打たなければならないボールを、ジャンプすることで「胸の高さ」で打てるのがジャンピングショットです。錦織圭選手の代名詞となっている「エアK」もジャンピングショットの一種。攻撃的なテニスを目指すのなら、ボールを落とさずに、できるだけ高い打点でボールを叩くテクニックを身につけたいところです。どうすればジャンプしながらボールを強打できるのか、そのポイントを紹介します。

強くラケットを
振れる胸の高さで
ボールをヒット
空中でも軸が
まっすぐになって
いるかチェック
④
⑤

Point ジャンプしないとこの打点

ジャンプしないと、写真のような頭より高い打点からの打ち下ろすようなショットとなる。「頭の高さ」で打つボールを「胸の高さ」で打つためのテクニックがジャンプショットということだ

コートの中に
入って高い位置に
テイクバック
フラット系のスピン
で打てる位置に
ラケットをセット
右足で地面
を蹴って
①
②
③

エッグボール

強烈なトップスピンで相手を追い込む!

ラファエル・ナダル選手のフォアで特徴的なのが、「ヘリコプタースイング」や「ウインドミル」と称される、フィニッシュで頭の後ろにラケットを回すショットです。こうすることでインパクトから急速にボールを擦り上げることができるので、半端ではないスピン量を生むことができます。プロの世界ではベースライン際で急に落ちるショットは「エッグボール」と呼ばれ、すでにノーマルなテクニックとなっています。これは一般プレイヤーでも練習次第で身につけることができるショットです。

トップスピンをかけてヒット
ギリギリまでボールを引きつけるのがポイント
構え方は通常のフォアハンドと同じ

③ ② ①

練習法 球出しで地道に

最初は地道に球出しの練習から始めよう。ポイントはフィニッシュが頭の後ろに来るように、肘を曲げて、顔の前でラケットを振ること。やってみると意外に簡単！

フィニッシュのラケットポジションはここ！
頭の後ろにラケットを振り上げる
肘を曲げて
⑤
④

フォアハンドのスイングボレー

浮いたボールは攻撃的に振り切っていこう!

122 ページで解説したように、サービスラインよりも後ろから打つフォアハンドのハイボレーは気の抜けないショットです。だからと言ってフワフワと浮いてきた深いボールを落としていたのではあまりにも守備的。そこで使いたいのがストロークを強打するときのように振り切るスイングボレーです。すでにこのショットはノーマルなテクニックとして一般プレイヤーも使っています。ノーバウンドのボールを打つときのポイントを学んでいきましょう。

ボールの軌道上
に身体を入れる
ボールの軌道に
合わせてコート
の中に入る
小さなステップ
で調整しながら
③
②
①

Point ラケットを立てながらボールに入る

ボールの軌道上に入って軸足を決めるまでラケットはずっとこのポジションに。手首をコックして緩まないようにするのも大切なコツ

一気に振り抜く
推進力のある
トップスピンで
軸足をセットしたら
ラケットダウン
⑥
⑤
④

フォアハンドスライス

守備範囲がグンと広がるスーパーテクニック

厚いグリップだと、身体から遠くて低いボールに対応できません。そこで身につけたいのが「極薄グリップ＋オープンスタンス」で打つ、フォアハンドスライスを使った守りのショットです。これは相手からオープン、オープンに振られたとき、バックハンドスライスと対になるショット。守備範囲を広げるためにぜひマスターしたいテクニックです。

薄いグリップに
持ち替えて高い位置
にテイクバック
オープンスタンスで
ムチを振るように

②　①

Point 極薄グリップでこのスイングを使う

このショットは肘の曲げ伸ばしもリストワークも最大限に使うのがポイント。
極薄グリップでなければ「肘」も「手首」もこの写真のようには使えないはず！

手首を使って
ヘッドを回して
ボールの後ろに
上向きの面を入れる
フォロースルーは惰性。意識しなくて OK
③
④
⑤

軸を作る

ストロークの解説の中で何度も「体幹をしっかりさせて軸を作ることが大切」と述べてきました。本書でマスターしてほしいのは、軸をぶらさずに回転運動をうまく使って打つストロークです。ここでいま一度ストロークにおける「軸」を再考してみることにします。

後ろから見た回転系スイング

Point

体感をしっかりさせて軸を作る

コマを回すときも芯（軸）がまっすぐだと長く回転する。これと同じ原理で、円柱の中ですべての動作を行なうのが回転系のスイング。身体に軸を作って鋭くスイングするのが理想だ

正面から見た回転系スイング

Point
下半身と上半身で捻転差を作る

下半身を安定させた上で上半身を捻ると下半身と上半身で捻転差が生まれる。その捻転差を利用して「捻り」→「戻し」で腕（ラケット）を鋭く振るのが軸回転のスイングだ

フォアハンドリターン

リターンから攻めよう!

レベルにもよりますが、テニスは3球目までに約50%のポイントが決まってしまうと言われる競技です。そこで大切になるのがサーブとリターンです。サーブはもちろんのことですが、リターン上手になれば確実に試合に勝てるようになります。ここでは攻撃的に攻めるリターンテクニックを学んでいくことにしましょう。

Point-1 スプリットステップを使って中に入る

攻撃的なリターンをするときのポイントは速いサーブが来ても後ろに下がらないこと。リターンポジションでスプリットステップしたらボールの方向に足を一歩出すことが絶対条件と言える

フラットでヒット
打球方向に
フォロースルー
③
④

Point-2 できるだけ小さなテイクバックを心掛ける

テイクバックは身体（上体）のターンだけで行う。ラケットは肩のラインよりも前に準備。肩よりも後ろにラケットがあるとテイクバックは大きすぎ

○ ラケットは肩より前に準備
× 肩より後ろはNG

フォアハンドリターン

ボディターンしながら右足を一歩前に踏み込む
グッとタメを作ってからスイングをスタート
①
②

リターンはミート重視で!

リターンは、ファーストサーブでは「ディフェンス」。セカンドサーブでは「アタック」の意識を持つのが普通です。しかし、コンパクトなスイングでライジング気味のリターンが打てれば相手のファーストから攻めることができます。

前ページから紹介しているのはスピードあるファーストサーブを想定したリターンです。リターンを成功させるコツは、とにかく早く、正確に準備することです。できるだけ小さなスイングでミート重視のインパクトを心掛けましょう。

Point-3 身体の軸を意識したインパクト

軸を崩さずに沈み
こむイメージで
ボールをヒット

打った後に伸び
上がるのは NG

リターンではインパクトで身体の軸を崩さないことが大切。これはフォアでもバックでも共通するポイント。ボールをヒットしたときは小さな構えになっているように

バックハンドリターン

ボディターンして
軸足に体重を乗せる
ボールに身体を
ぶつけるイメージ
で軸足を蹴る
②
①

Point-4 ボディサーブにはこれで対応

サーブでバック側のボディを狙われたときの対応は難しいが、両手打ちの人なら、写真のように腕を畳みながら右肘を逃がすテクニックで対応可能だ

①
②
③

ボディを狙われたら

右肘を逃がしながら

腕を畳んで対応

フラットの面で
インパクト
軸を保ったまま
体重を前足に移す
④
③

高い打点で打つ片手打ちバックハンドのコツ

ボールを落とさずに打つためのポイント

膝から腰の高さであれば、片手打ちバックハンドでも何ら問題ありません。問題は、片手打ちは胸よりも高い打点になると急に対処が難しくなるという点です。両手打ちが多数派になっている原因もここにあります。しかし、難しいからといって、ボールを落とすために下がっていたのでは攻撃的なテニスができません。ここでは片手打ちバックハンドで高いボールを打つときのポイントを紹介していくことにします。

Point-1 ラケットを立てたテイクバック

テイクバックするときはラケットヘッドを立てて顔の近いところに持ってくると高いボールに対応できる

＊これが以前のテイクバック

ラケットヘッドの位置が低い位置にあると高いボールを打つときは下から上のスイングになってしまうのでスピンをかけた打ち方になってしまう

Point-2 肩甲骨の可動域

肩甲骨が背中でくっつくくらいの可動域があるとパワーとスピンを生むことができる

Point-3 前足で動きをブロック

打ちにいくときに前足で動きをブロックすることで腕（ラケット）を速く振ることができる

ボールの長短をコントロールする

スライスで距離の調整ができるように

スライスのメリットは、スイングの大きさやバックスピンの量を調節して、ボールに長短をつけられるところです。球種で言えば、いちばん短いのが「ドロップショット」で、いちばん長いのが「ロビング」ということになります。同じ構えから両ショットを打ち分けられたらスライスは大きな武器となります。ここではスライスで距離をコントロールするコツと練習法を併せて紹介します。

短く落とすスライス
フィニッシュはこの位置に
ボールの下に上向きの面を入れて
テイクバックはどの球種も基本的に同じ
フィニッシュを前方に
ラケットの面を立てて
球足の長いスライス

Point-1 面の角度

スライスで使うのはコンチネンタルグリップ。インパクトのときはどのショットでも腕とラケットの作る角度は同じ。面を立てれば回転が少なく、面を傾ければバックスピンが強くなる

Point-2 スライスの練習では

スライスで距離をコントロールする練習では写真のように最低3カ所にターゲットを設けよう！

サイドスピンをかける

滑って曲がる、相手にとってはイヤーなショット

　スライスは同じフォームから、速いボール、遅いボール、深いボール、浅いボールを打ち分けられるショットです。また、インパクトでの面の入れ方次第でボールを曲げて打つことができます。ここではボールをサイドに切る「サイドスピン」のテクニックを紹介します。打ったボールはバウンド後に相手から遠いところに低く滑るので、戦術的に使えるショットです。ぜひマスターしましょう。

逆クロスに曲げて打つサイドスピン

テイクバックは
他のスライスと同じ
①
ボールを引きつけて
②

Point インパクトを少し変えるだけでまったく違った球種が打てる

サイドスピンを
かけるときの
抜き方

距離を出すと
きの抜き方

この構えから

アウトからインに
抜くスイングで
ボールの右後ろ
にラケット面を
入れるイメージ
④
③

アプローチショットとして使う

Point-1 キャリオカステップ

前進しながらボールを打つときに後ろ足を写真のように引くのがキャリオカステップ。こうすることでバランスよくボールをヒットできて素早くネットに出ることができる

スライスを使ってネットをとる

ストローク戦からネットをとるときのテクニックとして外せないのがバックハンドのスライスアプローチです。通常のスライスを打つときとの違いを踏まえながら、試合で使えるバックハンドのアプローチ術を学んでいきましょう。

ボールが短かったらコートの中に入りながらテイクバック
①
通常のスライスよりも前傾姿勢を強めてスイング
②
深いボールを打つときはラケットの面を立ててヒット
③

Point-2 出る方向にフォロースルーを取る

adidas
adidas

スライスをアプローチに使うときは、打つ方向にフォロースルーを取るようにするとコントロール性が良くなる

キャリオカステップを使って姿勢を維持
ファーストボレーのポジションにスプリットステップ
後ろ足を前に出してネットに出る
⑥
⑤
④

ジャックナイフ

高いバウンドのボールをフラットで叩き込む!

両手打ちのバックハンドは、もともと高いボールに対応しやすい特徴がありますが、さらに攻撃的に攻めたいときに使うのがジャンプして打つ「ジャックナイフ」と呼ばれるテクニックです。ジャンプすることで、普通だったらスピン系のボールで返すところをフラット系のボールにすることができます。どうすればこのショットをマスターできるのか紹介していくことにします。

①
ボールを落とさないようにコートの中に入る
②
右足を軸にジャンプの用意
③
右足のつま先から頭の先まで一本の軸を作って

Point
まっすぐ飛んで軸を崩さない

ジャンプするときに身体の軸をまっすぐに保つことで、高く飛べるし、回転を使って打てる。ジャンプするときは×のように上体が突っ込んだ形になりがちなので気をつけよう

○

×

着地後もバランスを崩さない
⑤

フラットに当ててインパクト
④

両手打ちバックハンドで角度をつける

左手のフォア感覚を使える両手打ちバックハンドは、角度をつけて打つショットに適しています。両手打ち同士のクロスコートラリーになると、角度のつけ合いという場面もしばしばです。また、相手がネットに出てきたときは、アングルへのパッシングショットにも使えます。どうすれば両手打ちで角度をつけたボールを打つことができるのかポイントを学んでいきましょう。

①
早めに軸足をボールの後ろにセット
②
踏み込むつま先は斜め方向
③
ボールを懐まで呼び込んで

Point-1 斜めに踏み込む

角度をつけるときは身体の回転を自然に使いたいので、踏み込み足のつま先を写真のように斜めにするのがポイント。ベースラインと平行に踏み込むと腰がロックして身体が回らないので要注意

Point-2 打点を膝前におく

角度をつけるときの打点はかなり前め。踏み込んだ右足の膝前に打点を設定するように

スピンを強くかけながら前めの打点でインパクト
④

フォロースルーでは肘を畳む
⑤

両手打ちバックのスイングボレー

バック側に上がった高いボールには次の項目で紹介するハイボレースマッシュでの対応もありますが、これはパワーもバランスも必要なとても難しいテクニックです。そこで両手打ちの人にお勧めなのが、ストロークと同じ感覚で打てるスイングボレーです。どうすればこのショットをマスターできるのか、練習法も併せて紹介します。

落ちてくるボールの軌道上に身体を運ぶ
①
ポジションを決めたら右足に重心を乗せて
②
ラケットをセットしてネット方向へ体重移動
③

練習法 実戦をシミュレーションしよう

バック側にフワフワとボールが浮いてくるということは、その前のショットが効いているということ。練習でも実戦を想定し、一本フォアの強打を入れてからバックのスイングボレーを行う。こうすることでベースラインからコートの中へ入るときのフットワークもナチュラルになる

左手のフォアでトップスピンを打つイメージで
打球方向に一気に振り抜く
⑤
④

バックハンドのハイボレースマッシュ

最難関ショットにチャレンジ!

すべてのショットの中でいちばん難しいとされるのがバックハンドハイボレースマッシュです。一般プレイヤーのダブルスでも「前衛に一本バックのハイボレーをさせて……」という戦術があるほど、ここは対処が非常に難しいところです。しかし、レベルを上げるためには克服しなければいけません。ここでは２人の連続写真を参考にバックハンドのハイボレースマッシュのポイントを挙げていくので、ぜひ参考にしてください。

Point 2人の連続写真から共通するポイントを見つけよう!

バックハンドのハイボレー・スマッシュは手首を甲側に返して打つショット。そのためには薄いグリップが絶対。打点が頭よりも後ろになるとうまく打てないので①のフットワークが大切。2人とも同じ足になっているところに注目しよう。またラケットを引いたときは②のように肘を高い位置にセットするのも重要なポイント。肘の位置が低いとラケットヘッドを鋭く回すことができない。打ち終わった後は④のように背中がネット方向を向いているか、左手でバランスをとっているかもチェックしよう

攻撃パターン①

デュースサイドのワイドサーブからのオープンコートにボレー

これはデュースサイドからワイドに切れるスライスサーブを打ってレシーバーに外からリターンさせる攻撃法です。有効なサーブが入った場合は、ストレートにリターンが返ってくる可能性が高いので、バックボレーとの組み合わせを考えましょう。

デュース
サイドから
①

ワイドに切れる
サーブを打って
②

ボレーのコースをイメージしてサーブを打とう!

サーブ&ボレーは、シングルスだけでなく、ダブルスでも必要不可欠な攻撃です。しかし、サーブが速いだけ、ボレーがうまいだけでは、本当に使えるサーブ&ボレー攻撃とはなりません。大切なのは、サーブとボレーをミックスさせた攻撃法を考えることです。

ここではサーブ&ボレーからポイント奪う典型的なパターンを４つ紹介しています。この４つを自分のものにするだけで一般プレイヤーなら十分です。

Point
ターゲットを2個置いて練習する

サーブの練習ではボールが落ちる場所にターゲットを置くのが普通ですが、大切なのは落ちる場所より相手がリターンする場所。写真のように落ちる場所とリターンする場所の2カ所にターゲットを置くとより効果的な練習となる

○

×

ネットダッシュ

③

返球コースのまん中
にポジションして

④

ストレートの
リターンを
バックボレーで
オープンコートに

⑤

攻撃パターン②

アドサイドのセンターサーブからのオープンコートにボレー

　これはアドサイドでセンターに切れるスライスサーブを打ってからネットに出る攻撃法です。アドサイドの場合、相手はバック待ちしているケースが多いので、センターに有効なサーブが入った場合、やっと返すだけのリターンが返ってくる可能性が高くなります。フォア、バックともにハイボレーとの組み合わせを考えましょう。

①
アドサイド
から

②
センターに切れる
サーブを打って

③
ネットダッシュ

④
ぎりぎりで返して
きたリターンを

⑤
ハイボレーで
オープンコートに

Point

センターマークより右側で打たせる

アドサイドからセンターをスライスサーブで狙うときはベースラインに置いたコーンに曲がるくらいのサーブを打って、レシーバーにはセンターマークより右から打たせるのが理想。普段から写真の位置にコーンを置いて練習しよう！

攻撃パターン③

アドサイドのワイドサーブからのオープンコートにボレー

これはアドサイドでワイドにスピンサーブを打ってネットに出る攻撃法です。バック側に弾むスピンサーブを打てば相手をコートの外に追い出すことができます。また高い位置でのバックハンドとなるのでそんなに強いリターンは返ってこないのが普通です。ストレートへのリターンを警戒しながらフォアボレーとの組み合わせを考えましょう。

①
アドサイド
から

②
ワイドに弾む
サーブを打って

③
返球コースのまん中で
スプリットステップ

④
返ってきたリタ
ーンをオープン
コートに

Point

バックの高いところで取らせる

158ページで紹介したように高い打点でバックハンドを叩くのは難しいテクニックと言える。とくに片手打ちバックハンドの相手ならば、このアドサイドからスピンサーブ+ネットダッシュは嫌な攻撃となる

サーブからポイントを奪うパターンを作ろう!

攻撃パターン④
デュースサイドのボディサーブでステイしてウィナー狙い

　これはデュースサイドからのボディサーブを使った攻撃法です。効果的なボディサーブが入れば、レシーバーは十分なスイングスペースをとれないのでボールが浮いてくる可能性が高くなります。ボディに打った場合は、いきなりネットに詰めない（ロブが来ることもあり）で、ベースラインでリターンボールを見てからセカンドショットで攻めるのが得策。浮いてきたボールは写真のようにストロークの強打で仕留めましょう。

❶

デュース
サイドから

❷

相手のボディに
打ってステイ

③
リターンが甘くなったのを確認して

④
前めのポジションからウィナーを叩き込む

Point
狙って打てたら最高

ボディサーブと言っても、相手の右腰を狙う「フォアボディ」と左腰を狙う「バックボディ」がある。フォア、バックの得手、不得手やポジションから、この両コースを狙って打てるようになるのが理想だ

これが「バックボディ」
これが「フォアボディ」

テイクバックの方法を変えてみよう

サーブはちょっとしたきっかけで調子が良くなったり、悪くなったりする繊細なショットです。もし、いまのサーブが「どうもしっくり来ない」と感じているようならテイクバックの仕方を変えてみるのも一つの手です。

大きくラケットを回すタイプに人ならば、すぐに担ぐタイプに。また逆に、すぐ担ぐタイプでフォームが小さくなっている人なら、大きくラケットを回すタイプにトライしてみましょう。

写真を見るとわかると思いますが、テイクバックの方法は違っても最終コマのトロフィーポーズは同じ。ここに持っていくまでのアプローチを変えることで、サーブが劇的に良くなることだってあり得るのです！

ラケットを後ろから回すタイプ

ラケットをすぐに担ぐタイプ

スマッシュの基本を学ぼう

ネットポジションでロブが上がったら

右足を引いて横向きの構えを作る

② ①

スマッシュに自信を持つ！

プロや上級者と初級者～中級者でまるで違うのがネットについたときのポジションです。プロや上級者はネットに詰めて構えますが、初級者はかなり後ろに構えるのが普通です。この要因となっているのがスマッシュ能力の差です。

スマッシュが強い人は「上に自信」を持っているのでネットに詰めることができます。ネットに近いところにポジションすればボレーも簡単になります。逆にスマッシュが弱い人は上に自信がないのでポジションを下げがち。そうなるとボレーまで難しくなってしまいます。つまり、スマッシュがうまくなればボレーまでうまくなるということ！ここではスマッシュの基本から応用までしっかりと学んでいきましょう。

ボールから目線を
切らずに下がって
③

ヒッティングポ
ジションに入る
④

Point-1

右足を下げてラケットを上から担ぐ

ロブが上がったら一も二もなく右足を下げてラケットを上から担ぐのがスマッシュの大基本

NG

ラケットを下から回す

このように下からラケットを引くのはNG

Point-2

手の甲側からボールを見る

ボールは左手の甲側から見るように。こうするだけでグッと肩が入り、身体の開きを抑えることができる

スマッシュの基本を学ぼう

肘を高い位置に
キープしたまま
5

エッジ方向からラケットを振り上げて
6

Point-3

エッジ方向から振り上げる

スイング自体はサーブと同じ。73ページで紹介したエッジ方向からラケットを振り出すスイングを心掛けよう

Point-4

打点を前にとる

スマッシュはサーブに比べると前から打つショット。しかもサービスボックスに入れる必要もない。打点は写真のようにかなり前めにおくのがポイント

ネットに近ければこんなに前

このポジションでも打点はここ

打ち終わってもバランスを崩さないように
頭より前でボールをヒット
⑧
⑦

練習法 近い距離から低く上げるロブを連続で打つ

ロブが上がったらすぐに「横向き＋ラケットの担ぎ上げ」を行うのがスマッシュの大基本。写真のような近距離の球出しで連続してスマッシュを打つことで、その動きを身体に覚え込ませていこう！

右足にしっかり
と体重を乗せて
一歩目を大
きく下げる
②
①

ジャンピングスマッシュ

トップスピンロブを上げられたときなど、とっさにジャンプしなければいけない状況もあります。そこで使うのがジャンピングスマッシュです。難しいテクニックなので、写真内のポイントをしっかりと押さえましょう。

ボールの落下点よりも
後ろに右足をセット
ボールの軌道
を把握したら
クロスステッ
プで下がる
ボールを目
視しながら
④
③
②
①

できるだけ打点を前にとってインパクト
身体を回しながらスイング
空中で入れ替えた左足で着地
その右足でジャンプ
⑥
⑤
④
③

素早くポジションを下げて打つスマッシュ

下がる時間があるときはジャンピングスマッシュではなく、早く下がって、最終的に前に踏み込みながら打つスマッシュにするとミスが減ります。写真内のポイントをしっかりと押さえましょう。

このラインより前でボールをヒット
左足を踏み込みながら
⑥
⑤

第5章

ダブルスの戦術とダブルスに効く練習法

ここからはダブルスの戦術と練習法を紹介していきます。ダブルスで重要なのは「どこに立つか？」、「どう動くか？」というポジショニングです。このポジショニングがわかっていないとダブルスのセオリーに即した戦術も使えません。まずは各ポジションでの正しいポジショニングと動き方から学んでいきましょう。また後半ではダブルスに特化した練習法も紹介しています。普段の練習に取り入れてください。

Lesson5

❶ネットポジションにいる前衛のポジショニング

理想とする前衛のプレイ範囲はセンターストラップからサイドラインまでです。その範囲の真ん中に立つのが前衛の基本的なポジショニングとなります。初級者はサイドライン寄りに構えますが、そうするとセンターが大きく空いてしまうので注意してください。

ここところに手が
届く位置に構える
左サイドのテリトリー
右サイドのテリトリー

Point 前衛はネットに近い場所でボレーするのが基本

構えたところから
前に踏み込んで！

❷サーブ&ボレーするサーバーのポジショニング

サーブ＆ボレーするサーバーは、自陣に隙を作らないように出るのが基本です。×のように斜めに出る人がいますが、これでは右サイドが空いて、センターのテリトリーは重なってしまいます。○のようにサーブを打ったらまっすぐに出て、前衛と連携した隙のないポジションでのスプリットステップを心掛けましょう。

○この方向に出るのが正解

×この方向に出るのはNG
テリトリーが重なってしまう

❸前にいる前衛の動き

写真では平行陣を例にとっていますが、前衛は相手が打つ瞬間にスプリットステップを入れてポジションを上げるのが基本です。いつでも飛び出せる前傾姿勢を意識しましょう。最悪なのは下がり気味のポジションで真横に手を出してボールをキャッチするボレー。これは守備にも攻撃にもならないボレーです。

○ スプリットステップを入れてから斜め前に出る

× 構えた位置から横に踏み込んでボールに手を出すのはNG

④ポーチに出たときのボレーコース

パートナーのサーブが良かったらポーチに出るチャンスです。ポーチの常識として「前衛の足元に！」というセオリーがありますが、うまく対処されて逆転を食うこともあります。写真のようにどこにでも打てるようなら、ガラ空きになったオープンスペースに打ったほうが確実です。

(新) ガラ空きなったオープンスペースに落とす

レシーバーを
まん中に寄せたら

(旧) 前衛の足元に叩き込む

❺平行陣をとったときの2人のポジショニング

平行陣をとったときの２人のポジショニングもしっかり頭に入れておきましょう。相手の後衛が打つ場所によって２人の立ち位置は変化します。基本はここで紹介する４パターンです。

パターン3

相手の後衛がセンターマーク付近から
フォアハンドで打つときはここ

パターン1

相手の後衛がデュースサイドのサイドライン寄りから
打つときはここ。右のアレー近くは捨てコース

パターン4

相手の後衛がアドサイドのサイドライン寄りから
打つときはここ。左のアレー近くは捨てコース

パターン2

相手の後衛がセンターマーク付近から
バックハンドで打つときはここ

⑥平行陣をとったときのロブへの対応

平行陣をとったときにつねに注意したいのがデュースサイドのストレートロブです。以前はポジションチェンジしての対応もOKとしていましたが、バックのハイボレーで返すだけになったボールは狙われてしまいます。練習ではストレートロブでのポジションチェンジはNG。スマッシュでの対応を絶対としています。

ポジションチェンジしてのバックボレーはボールも弱いし、陣形も乱れてしまうのでNG

深いロブでも２ステップのスマッシュ（届かなければフォアのハイボレー）で打ってすぐに陣形を戻す

⑦ Iフォーメーションをとったときの前衛のボレーコース

Iフォーメーションは基本的にセンターへのサーブを中心に攻撃する戦術です。最高のサーブが入ったときでも前衛の足元にボレーを打ってしまう人がいますが、より確実に決めるためにはクロスへの短いボレーが正しい選択です。

Iフォーメーションで
センターにサーブ

○ 確実に決めるためにはクロスへ打つ短いボレーが正解

× オープンスペースがあるにもかかわらず前衛の足元を狙うのは NG

❽ Iフォーメーションをとったときの前衛のポジショニング

Iフォーメーションで「ステイ」のサインを送ったときの前衛は、まっすぐにネットに詰めるのがセオリーです。「ステイ」のサインを出すと左（右）サイドに動きたくなりますが、そうするといちばん厄介なセンターに大きな隙ができてしまうので要注意です。

○ 2ステップでカバーできるポジションに詰める

✕ 左サイドに動くとセンターががら空きになってしまう

ダブルス用の練習とは?

ここで紹介するのは早稲田で行っているダブルス用の基本練習です。ダブルスにはダブルス専用の動きやテクニックが必要です。普段の練習から取り入れてダブルスに強いプレイヤーとなってください。

前衛の前後の動き

これはネットポジションでの前後の動きを高める基本練習です。ネットタッチしてバックステップ、ボレーポジションまで下がったらネットダッシュして、ネットタッチの動きを繰り返します。この練習によって、ネットポジションにおける守備と攻撃の範囲を確認することができます。また集中力を切らさないために、下の写真のようにネットタッチの代わりにボレーさせる方法もあります。

ネットタッチして

球出しして

誰に球出しするかはわからない

バックペダルステップ

右ページで紹介した前後の動きを細かく見るとこのような動きになります。基本は2ステップ。これは「バックペダルステップ」と呼ばれるものです。

ボレーポジションに構えてスタート
1ステップ目を踏み出して
2ステップでネットタッチ
すぐにボレーポジションまで下がって
スプリットステップを入れて
また1ステップ目を踏み出す

2ステップで前後左右

ネット前で機敏に動く2ステップボレー

64-65ページでも紹介したように、ネットポジションでは前後左右に２ステップで動くのが基本です。その動きをマスターするために行うのがこの練習です。実際にボールを打つのでより実戦的な動きを求められ、球出しのテンポを上げれば運動強度も最高レベルになります。

（2ステップでバック前ボレー）

（2ステップでフォア前ボレー）

（ネットにど詰めしてボレー）

（下がってのスマッシュはコースを指示）

ボレーのフットワークドリル

これは「出し手」と「受け手」に分かれて行う1対1のボレードリルです。出し手は、左右（フォア、バック）、高低（ハイボレー、ローボレー）とボレーに変化をつけ、受け手はそのボールをすべて出し手の取りやすいところに返すようにします。1ボールで長く続けることでボレーのフットワークとテクニックを同時に修得することができます。

（球出しからスタート）

（フォアでローボレーをさせたら）

（バックでハイボレー）

ポーチドリル

これはポーチに特化したローテーションドリルです。ボールを出すテンポや人数によって練習強度の上げ下げが自在。ポーチは相手の触れない場所を狙いましょう。早稲田では通常４人ローテーションで１セット１～２分。２～３セットを両サイドで行っています。

(ローテーションしながらフォアでポーチ)

(バックハンドポーチも同様のパターンで行う)

球出しはセンターへサーブを打って、相手がリターンを打ってきた場所を想定したポジションから行う

トップスピンロブのローテーションドリル

これは後衛のストレートロブに特化したローテーションドリルです。前衛にスマッシュを打たれたらNGの条件で、通常は4～6人のローテーションで3分くらいを両サイドで行っています。

（球出しのボールをストレートへトップスピンロブ）

（前衛にスマッシュされたらNG）

2フロント+2バックのロブ&アングルドリル

これは平行陣対2バックの陣形で行う2バック側主体の実戦的ドリルです。

2バック側の選手が打って良いのは「アングルショット」と「トップスピンロブ」のみ。平行陣側はボレーで2バック側につなぐ設定で行います。2つの球種を使った後衛の戦術を学ぶのがこのドリルの目的です。

(球出しのボールをアングルへ)

(ローボレーで返球)

(返ってきたボールを)

(トップスピンロブ)

第6章
テニスの基礎力を高める練習法

ここからは早稲田の庭球部で欠かさずに行っているルーティン的な基礎練習法を紹介します。球出しによる基礎練習は、ショットの基盤作りに役立つだけでなく、調子を落としたときにも最適の練習と言えます。もちろん一般プレイヤーにも役立つ練習ばかり。テニスの基礎力を高めるためにぜひこれらの練習法を取り入れてください。

スイングを作るノーバウンドヒット練習

ストロークで「タメ」を作る球出し練習

1球目はスルーして
2球目をヒット

これはストロークのタイミング作りやタメ作りのために行う球出し練習です。1球目のボールはテイクバックしたところから「スルー」するのがミソ。ボールを打たないことでボールへの入り方やフォームを自己チェックできます。ストロークの基本ができていない選手の場合は、20球を1セットにして10セットくらい、じっくり行います。

ノーバウンドでボールを打つ練習

これはボールを落とさずにノーバウンドで連続して打つストロークドリルです。厚い当たりで打つためには、しっかりとしたフォームとスイングが必要です。また球出しのテンポを早くすると素早いテイクバックが必要となるので、準備が遅いプレイヤーに矯正にも役立ちます。通常は 10 ～ 20 球を 2 ～ 3 セットで両サイドで行います。

ノーバウンドで球出し

高い打点でヒット

準備を早くするワンバウンドヒット練習

上からバウンドさせて球出し

ヒットしたタイミングで

次のボールを出す

これは高い打点のボールを連続して打たせるストロークドリルです。写真を見てもわかるように、球出しは上からボールを弾ませるようにして、打ち終わったタイミングですぐに次のボールを出します。卓球並みの反復スイングを必要とするので見た目よりも強度が高い練習です。

ストレートボールの切り返しドリル

これはセンターからスタートして、サイドライン際に出されたボールをストレートに返球。ボレーでオープンスペースに返球されたボールを追う切り返しドリルです。実戦でもストレートに打ったパスが通らなかったらこの展開が生じます。このようにさまざまな場面を設定することで実戦に即した練習を行うことが可能です。

サイドに球出し

ストレートに打って

ボレーの返球を追う

低いボールに強くなる球出し練習

　これは膝下の低いボールを持ち上げて打つ球出し練習です。実戦では低く滑るスライスボールへの対応となります。しっかりと下半身を落として、トップスピンで正確に打つようにしましょう。早稲田では通常フォア、バックで、10～20球くらい連続で打つ練習にしています。

膝下の打点に球出し

ヒットしたらバックステップで戻る

深いボールに強くなる球出し練習

これは下がりながらトップスピンで打つ球出し練習です。実戦ではベースライン深くに入ったボールをつなぐときの対応となります。ポイントは一球、一球しっかりとバックステップを入れてスイングスペースを作ること。ベースラインでのポジションの上げ下げをこれで身につけることができます。早稲田では通常フォア、バックで、10 ～ 20 球くらい連続で打つ練習にしています。

深いボールを球出し

バックステップして打ったら
定位置に戻る

フォアハンドの回り込み練習

　これはフォアに回り込むときのフットワークを鍛える球出し練習です。ポイントは１球目のボールをあえてバックハンドで打たせること。こうすることで２球目までの距離が遠くなり、素早く動かないとフォアにうまく回り込めなくなります。10 ～ 20 球くらい連続で打つ練習を行いましょう。

1球目はバックで

2球目はフォアに回り込んで

回り込みフォアハンドのローテーションドリル

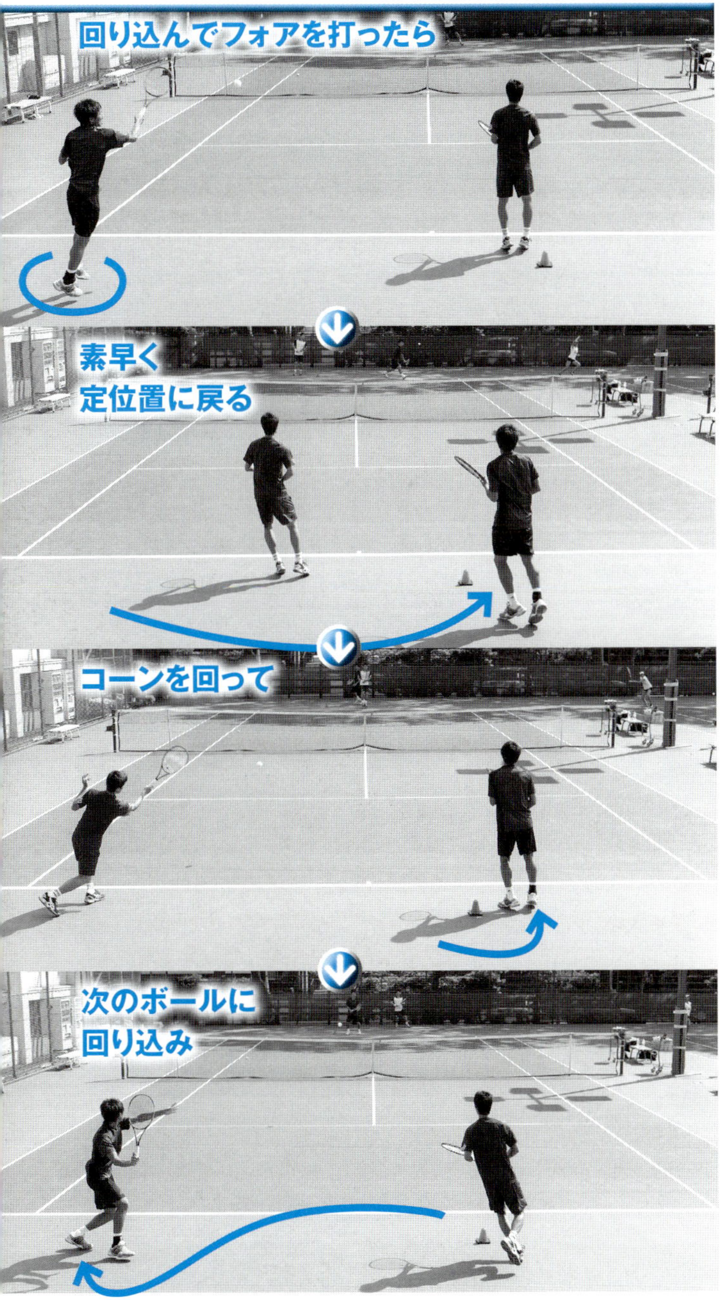
回り込んでフォアを打ったら
素早く
定位置に戻る
コーンを回って
次のボールに
回り込み

これはフォアの回り込みを２人で練習するローテーションドリルです。練習の強度を上げるポイントは、コーンを置く位置と球出しのテンポ。写真のようにセンターマークよりも右に置くと、回り込む距離が長くなって強度が高く、センターマークより左に置くと強度は低くなります。選手のレベルによってコーンの位置を調整してください。また、球出しのテンポを上げることで、通常のサイドステップからクロスステップまで、さまざまなステップワークを覚えこませる練習にもなります。早稲田では通常写真のコーン位置で、3～5分くらい連続で打つ練習を行います。

ストロークのローテーションドリル

サイドに走るローテーションドリル

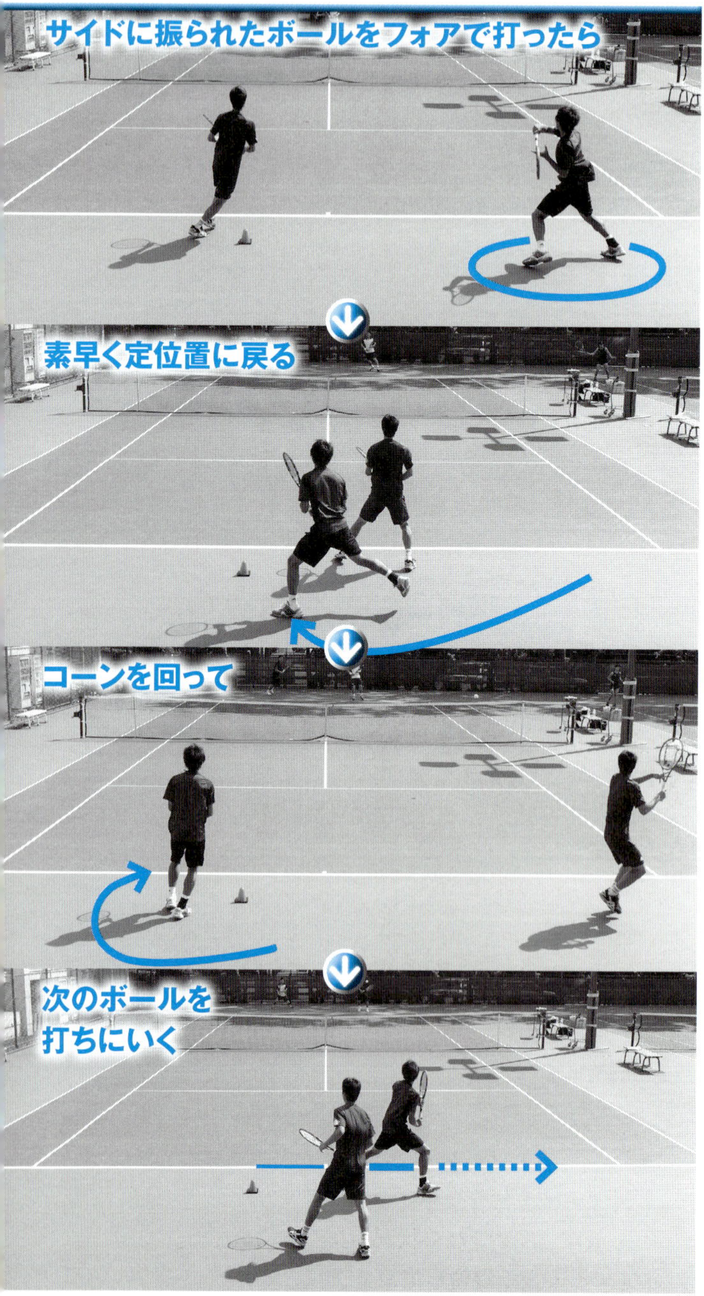

サイドに振られたボールをフォアで打ったら
素早く定位置に戻る
コーンを回って
次のボールを
打ちにいく

これは長い距離を走ってストロークを打つローテーションドリルです。コーンはフォアのときは左側、バックのときは右側に置きます。また、打つコースを「ストレート」、「クロス」と別設定することで2パターンの練習にすることができます。通常は「ストレート」と「クロス」で、各3～5分くらい連続で打つ練習を行います。

バックハンドのパターンもフォアハンドと同様に行う

バックではスライスのパターンも行う

実戦で長い距離を走ったときはスライスでつなぐ状況も生じます。スピン系のボールだけでなくスライスでも対応できるように練習しておきましょう。

スイングボレーのローテーションドリル

球出しで行うスイングボレードリル

　これはスイングボレーを球出しで行うローテーションドリルです。実戦でスイングボレーを使うためには普段の練習が必要不可欠。148 ページで紹介したポイントを参考にしっかりと打ち込めるようになるまで練習しましょう。早稲田では通常４人ローテーションで、フォア、バックとも２～３分くらい打つ練習を行います。

浮き球の球出しを

バックのスイングボレーでヒット

フォアのハイボールをヒット

フォアの場合は、スイングボレーだけでなくハイボレーで対処するパターンも練習に入れましょう。

浮き球の球出しを
フォアのスイングボレーでヒット

浮き球の球出しを
ハイボレーでヒット

撮影協力：早稲田大学庭球部

あとがき

早稲田大学庭球部では「この一球」の精神を大切にして日々練習に励んでいます。「この一球」とは文字通り、一球、一球を大切に、自分ができることをやり通すことです。

庭球部には才能を持った選手が集まります。長年、選手を見ていて思うのは、才能の差はそんなに大きくないということです。伸びるのは、毎日自分と向き合って地道に練習に取り組むことができるタイプです。「強くなるためには何をしなければいけないのか……」これを自分で考えられる選手は確実に伸びます。うまくなろうと思ったら努力するのは当たり前のことです。あんなにうまいトッププロですら、日々の練習では地道な基礎練習に取り組んでいるのです。

本書で紹介しているのは早稲田の庭球部で私が日々行っているアドバイスや練習法です。何も特別なことはありません。うまくなるには基本を疎かにしないことがどのレベルでも重要なのです。

（早稲田大学庭球部監督　土橋登志久）

監修：土橋登志久
（早稲田大学庭球部監督）

撮影モデル：渡辺隼
（早稲田大学庭球部コーチ）

監修者プロフィール

土橋登志久 (つちはし　としひさ)

1966年10月18日生まれ。福岡・柳川高出身。早稲田大学教育学部卒。
在学時に全日本学生選手権男子シングルスで４連覇を達成。五輪やデビスカップの代表にも選出される。
現役引退後は早稲田大学庭球部監督に就任。現在率いる早稲田大学庭球部は全日本大学対抗テニス王座決定試合（男女アベック８連覇）、全日本学生テニス選手権大会（男子単複優勝、女子単準優勝）、全日本室内学生テニス選手権大会（男子単複優勝、女子複優勝）と大学テニス界では圧倒的な強さを誇っている。
WOWOWのテニス解説も務め、お茶の間でも有名。

STAFF

編集　井山編集堂
写真　井出秀人
本文デザイン　上筋英彌・上筋佳代子・木寅美香（アップライン株式会社）
カバーデザイン　柿沼みさと

パーフェクトレッスンブック
テニス　基本《きほん》と戦術《せんじゅつ》

監　修　土橋登志久《つちはしとしひさ》
発行者　村山秀夫
発行所　株式会社実業之日本社
〒104-8233　東京都中央区京橋3-7-5　京橋スクエア
[編集部]03(3562)4041　[販売部]03(3535)4441
振　替　00110-6-326
実業之日本社ホームページ　http://www.j-n.co.jp/

印　刷　大日本印刷株式会社
製本所　株式会社ブックアート

ISBN978-4-408-45513-6

1409(02)